Rom, wie es nicht in den Reiseführern vorkommt. Marco Lodoli ist »ein Verführer zum Kleinen und Unscheinbaren« *(Süddeutsche Zeitung)*. Er begleitet den Leser an Orte, an die sich kaum ein Tourist verirrt, und zeigt ihm die verborgenen Schätze und Kuriositäten der Ewigen Stadt: Wir nehmen teil an einer ekstatischen Messe von Schwarzafrikanern und beobachten zusammen mit Lodolis Großmutter die berühmten Transsexuellen. In der Nähe von Santa Maria delle Grazie, »dem Aschenputtel unter den römischen Kirchen«, empfiehlt uns Lodoli eine Pizzeria, »die eine Weltmeisterin im Sparen ist«. Ein Buch für Römer und Nichtrömer.

»Das Poetische verbirgt sich an unvermuteten Orten, und Marco Lodoli fördert es zutage ... Seine Rom-Notate sind Minutenlektüre und lassen sich bequem zwischen zwei Straßenbahnhaltestellen bewältigen. Lang genug, um für einen Moment in der Ewigkeit zu verweilen.« *Neue Zürcher Zeitung*

Marco Lodoli, 1956 in Rom geboren, lebt und arbeitet dort als Lehrer und Schriftsteller. Seine Romtexte schrieb er ursprünglich für die Tageszeitung *La Repubblica*.

Im insel taschenbuch ist außerdem die Sammlung *Inseln in Rom. Streifzüge durch die Ewige Stadt* (it 3196) erschienen.

insel taschenbuch 3339

Marco Lodoli

Spaziergänge in Rom

Marco Lodoli
Spaziergänge in Rom

Ausgewählt und aus dem
Italienischen übertragen
von Gundl Nagl
Insel Verlag

Für Giordano und Tobia,
römische Weltbürger

insel taschenbuch 3339
Erste Auflage 2008
Insel Verlag Frankfurt am Main und Leipzig

Hinweise zu dieser Ausgabe am Schluß des Bandes
Vertrieb durch den Suhrkamp Taschenbuch Verlag
Umschlag nach Entwürfen von Willy Fleckhaus
Satz: Hümmer GmbH, Waldbüttelbrunn
Druck: Druckhaus Nomos, Sinzheim
Printed in Germany
ISBN 978-3-458-35039-2

2 3 4 5 6 7 – 14 13 12 11 10 09

Inhalt

* übersetzt von Karin Fleischanderl

Borghetto di Vigna Mangani

Im *Don Quichotte* verspricht der edle und verrückte Hidalgo seinem Sancho Pansa als Preis für seine große Treue eine Insel, auf der er Statthalter sein soll. Dieses Versprechen wird beinahe in Erfüllung gehen, aber es wird eine Insel ohne Meer sein, eine Insel auf dem Trokkenen: ein einfaches Dorf. Im Grunde sind auch diese römischen Inseln, in den Körper der Stadt eingeschnitten, kostbare Orte, nur vom entfesselten Ozean der Wirrsal umgeben. Wenn wir mit unserem Motorroller landen, haben wir tatsächlich das Gefühl, uns an einem schönen und unbekannten Ort zu befinden, wie eine geheimnisvolle Insel einer ist, und für ein paar Minuten sein imaginärer Herrscher zu sein.

Ein solcher Ort ist der Borghetto di Vigna Mangani, der sich auf einem Hügel über der Via di Pietralata verschanzt hat, neben dem Aniene. Ihn zu finden ist nicht einfach, weil es ein scheuer und zurückhaltender kleiner Ort ist, mit der Welt bloß durch eine kurze und kurvenreiche Steigung verbunden. Er bleibt für sich, belästigt niemanden und will auch nicht belästigt werden und verteidigt seine Ruhe mit Anmut. Viele kleine Häuser, mit einem Hof oder einem Gärtchen, sind über kleine Gassen hin verstreut, die wie Feldwege wirken. Die Bewohner kennen sich alle, viele sind hier geboren, in einer arkadischen Zeit, in der es Wirtschaften und Bäkker gab, Weinberge und Herden. Die Eisenbahnlinie verläuft neben dem Ort, aber es scheint, als würden die Züge ganz manierlich ihre Fahrt verlangsamen, um nicht zuviel Lärm zu machen. Auf dem kleinen Platz im Zentrum steht eine Kirche. Oft haben wir von unseren staunenerregenden Barockkirchen berichtet, in denen es von Bengelengeln und Äquilichristen wimmelt, um zwei Neologismen zu benutzen, die, wie ich hoffe, auch von den glühendsten Katholiken akzeptiert werden. Aber diese armselige kleine Kirche aus Ziegelsteinen ist gleichfalls schön, und vielleicht lädt sie mehr zum friedlichen Meditieren ein als eine ihrer herausgeputzten Schwestern. Santa Maria delle Grazie ist vermutlich das Aschenputtel unter den römischen Kirchen: in einem ihrer Seitenschiffe befindet sich eine Tischlerwerkstatt, die sie noch demütiger, noch heiliger erscheinen läßt. Aus einer Ecke des kleinen Platzes lugt eine Pizzeria hervor, die eine Weltmeisterin im Sparen ist: auf Holzbänken ißt man für sieben Euro eine stattliche Pizza und trinkt ein gutes Bier dazu. Kurzum, in Vigna Mangani kommt die Zeit freundlichen und ehrlichen Schrittes daher, von hier aus erscheint die Stadt bloß wie die Erzählung eines Narren.

Die Kolonnade des Borromini

Es gibt Kunstwerke, bei denen die Intelligenz als das beherrschende Element erscheint, bei denen jedes Detail von scheinbar einem Gedanken erzeugt wurde, der von der eigenen Vortrefflichkeit überzeugt ist. Das sind Werke, die durch ihre Perfektion beinahe eine Art Unbehagen hervorrufen, weil ihnen etwas Unmenschliches anhaftet, ein Ehrgeiz ohne Maß, eine rein vom Verstand bestimmte Vorliebe für unmögliche Herausforderungen. In Rom ist das in dieser Hinsicht erstaunlichste Werk die sogenannte Kolonnade des Borromini im Palazzo Spada auf der Piazza Capodiferro. Wir können dieses Kunstwerk hundertmal bewundern, und es wird uns immer wieder und jedesmal auf noch eindringlichere Weise beunruhigen.

Es handelt sich um eine Galerie, die von einem besonders schönen Innenhof ausgeht, einem geheimnisvollen Garten mit drei märchenhaften Pomeranzenbäumen: wir betrachten die Galerie, die dreißig oder vierzig Meter lang erscheint, die dorischen Säulen werden mit der Entfernung kürzer, die Muster des Bodens kleiner, je mehr das Auge in den Hintergrund vordringt, dort drüben, wo beim Aufeinandertreffen zweier Hecken eine antike Statue sich als Zielpunkt für den Blick anbietet. Und dabei ist alles Sinnestäuschung, ein aufsehenerregendes Gaukelspiel, das wir mit offenem Mund bestaunen. In Wirklichkeit ist die Galerie gerade mal acht Meter und sechzig Zentimeter lang, und die Säulen, der Boden, das Tonnengewölbe wurden mit einer architektonischen Schlauheit realisiert, die unserer Pupillen spottet.

In Ordnung, denken wir, das ist eben noch so eine barocke Schlaumeierei, es ist die reine Intelligenz, die sich hinter unserem Rücken über uns Einfaltspinsel lustig macht. Aber dann kehren wir hundertmal zurück, um diese Galerie des 17. Jahrhunderts, die einem Vergnügungspark entstammen könnte, zu betrachten, weil uns immer noch etwas entgeht, weil sich in dieser höhnischen Optik etwas verbirgt, was unser Gemüt bewegt.

Und eines Tages lesen wir diese Verse des Kardinals Bernardino Spada, Verse voller Staunen und moralischer Reflexion: »Unter geringen Dimensionen betrachtet man einen riesigen Säulengang, auf kleinem Raum erblickt man einen langen Weg. Wunder der Kunst: Bild einer trügerischen Welt. Groß bloß der Erscheinung nach, sind die Dinge klein für den, der sie aus der Nähe betrachtet. Auf der Welt ist das Große nichts anderes als Illusion.« Ja, das ist es, und endlich begreifen wir, was uns Tränen in die Augen treibt: Diese Galerie ist nicht bloß ein subtiler Scherz der Intelligenz, sie ist viel mehr, sie ist die Wahrheit der Welt, auf wenige Meter zusammengedrängt.

San Giovanni dei Fiorentini

Geduldige Menschenschlangen warten vor den Toren der großen Ausstellungen, und drinnen drängt sich das Publikum vor den Gemälden des 20. Jahrhunderts oder vor denen der Giustiniani-Sammlung, gibt bewundernde oder begeisterte Kommentare ab, kauft Kataloge und Postkarten, und ein paar geloben wiederzukommen, denn so viel Schönheit auf einmal ist zuviel, man riskiert eine Überdosis.

Wir ziehen es jedoch vor, auf eigene Faust loszuziehen, wie ein Trüffelschwein in vergessenen Winkeln zu stöbern. Im übrigen braucht man nur eine halbe Stunde Zeit und eine Spur Neugier, um Meisterwerke zu entdecken, die offenbar nur darauf warten, daß jemand kommt und sie betrachtet. Wenn sie könnten, würden sie zu uns kommen, sie haben es so satt, weggesperrt und vergessen zu werden, aber es bleibt ihnen nichts anderes übrig, als zu warten, daß ein Müßiggänger zum Beispiel nach San Giovanni dei Fiorentini kommt und sie – vielleicht sogar heute – aufstöbert.

Allerdings muß man die Unbekümmertheit von Höhlenforschern besitzen, um sich in das undurchdringliche Dunkel der Seitenkapellen vorzutasten, in diese Grotten aus dem 16. Jahrhundert, wo das Licht wie Teer ist und die Figuren auf den Bildern Gespenster zu sein scheinen, die im Raum des Unwahrscheinlichen spuken. Unter dem Fußboden liegen Borromini und Maderno begraben – der Architekt, der unter anderem die hohe schmale Kuppel über uns gebaut hat, die von den Römern liebevoll als das »abgelutschte Bonbon« bezeichnet wird –, und vielleicht spuken auch ihre Gespenster in der Dunkelheit, die die Bilder umgibt. In der Kapelle links neben dem Altar befindet sich ein Schalter: wir drücken ihn, und ein fahles Licht erhellt zwei wunderschöne, von Rissen überzogene Gemälde von Giovanni Lanfranco. Eigentlich müßten sich jetzt die Menschenmassen um uns drängen, die in die großen Ausstellungen strömen, die Leute müßten drängeln und rempeln, um besser sehen zu können, statt dessen sind wir allein und beinahe stolz darauf. Vor allem das »Gebet im Garten Gethsemane« ist ein ergreifendes Bild – eine Pyramide, an deren Basis sich die Apostel befinden, die sich – ganz in Rot – dem menschlichen Bedürfnis nach Schlaf hingeben, während an der Spitze Christus auf übermenschliche Weise ganz in Weiß wacht. »Wunderbar«, flüstert der Pensionist, der neben uns steht, und sein Hündchen bellt, aber leise, beinahe als fürchte es, die Schlafenden aufzuwecken. »Tiere dürfen hier herein«, versichert er, »Sie können sich ja gar nicht vorstellen, wie viele schöne Gemälde wir schon gesehen haben und wie sehr wir im Sommer die kühle Luft genießen.«

Largo dei Librari

Dann und wann platzt der übliche ausländische Freund in Rom herein, um uns einen Besuch abzustatten: »He ciao, ich bin hier, was unternehmen wir heute abend, was zeigst du mir Schönes?« Sagen wir es freiheraus: das trifft uns wie ein Schlag ins Genick. Von der Stadt hat dieser Freund beinahe alles gesehen, das Kolosseum, Sankt Peter, die Fontana di Trevi und die Piazza Navona, aber auch den Aventin und San Clemente, auch die Katakomben und das Foro Italico und sogar das Coppedè-Viertel, das wir ihm beim letztenmal gezeigt haben. Und doch ist er unersättlich, er giert danach, zumindest *eine* neue Erinnerung mitzunehmen, etwas Besonderes, ein kleines Detail, ein Eckchen, eine unvergeßliche Ansichtskarte: »Also, *dear friend*, was bietest du mir heute?« Wir fühlen uns verpflichtet, ihn nicht zu enttäuschen, finden es aber auch mühsam, schon wieder ein prächtiges Kaninchen aus dem Zylinder zu zaubern. Wir sagen alle Verabredungen ab und, verdammter Mist, beginnen das Album der Erinnerung auf der Suche nach einem besonderen Bild zu durchblättern, nach etwas Wundersamem, das nicht allzuviel Zeit kostet. Wir würden uns gerne mit einem Aperitif begnügen, einem kleinen Plausch und einem Tellerchen Oliven an einem magischen Ort, und dann sehen wir uns in zehn Jahren wieder. Museen – nein, Ruinen – auch nicht. Wohin also, wohin?

Der Freund ruft wieder an, um die Verabredung fest

auszumachen. »Also treffen wir uns ..., treffen wir uns ...?« So, ich hab's: Largo dei Librari, auf der Via dei Giubbonari, das ist der richtige Ort für uns. Es ist ein perfekter Ausschnitt, sieht aus wie die Bühne eines Theaters, die kleine Kirche der heiligen Barbara ist wie eine Gemme zwischen die Häuser des Hintergrunds eingeschnitten. Er ist Rom *en miniature*, das Barock der Politoys, ein Konzentrat aus Ruhe und Konfusion, aus Geometrie und vitaler Unordnung. Hoch oben, neben der Minifassade der Kirche und dem Himmelsblau, gibt es ein rührendes Fensterchen, das den Schriftstellern der Boheme gefallen hätte, es sieht aus wie das »Fenster gleich neben dem blauen Himmel« in dem alten Dachboden, den Gino Paoli besungen hat.

Aber Rom besteht nicht nur aus Kunst und Inspiration. Auf dem kleinen Platz gibt es auch ein für seine *filetti di baccalà* berühmtes kleines Restaurant, die, begleitet von einem Glas frischem Weißwein, die Kehle erfrischen. Um sieben Uhr abends paßt alles perfekt zusammen, die kleine Kirche, der Stockfisch, der Wein, die vertraulichen Gespräche. Der Freund genießt diesen bezaubernden Augenblick, schwört bei seinen Kindern, daß er sich noch nie so wohl gefühlt hat, und schwört, im nächsten Monat nach Rom zurückzukehren.

Priesterinnen der Sünde

Wir waren vierzehn Jahre alt, hatten Flaum auf der Oberlippe, jähe Stimmungsschwankungen und noch neue Mopeds, und am Abend waren wir manchmal so unruhig, daß wir uns zusammenrotteten, aus dem Gewirr der Gassen um den Corso Trieste ausbrachen und auf die Via Olimpica einbogen, die uns vorkam wie eine Rennbahn, auf der die Autos in Richtung unbekannter Ziele dahinbrausten, endlose Kilometer Dunkelheit, die nur von Straßenlaternen und den Schildern der Tankstellen unterbrochen wurde. Vor dem Tunnel bogen wir rechts ab, in Richtung Verdammnis, in Richtung Inferno. Am Ende der Talfahrt lag nämlich Tor di Quinto. Allein bei dem Namen bekam man eine Gänsehaut, und die Gedanken gefroren, man mußte ihn ganz rasch aussprechen, wie den Namen einer x-beliebigen Straße, etwa jener, an der sich das Trainingslager von Lazio befand, genau so.

Aber in Wirklichkeit fuhren wir da hinunter, um mit fieberglänzenden Augen die Priesterinnen der Sünde zu beobachten, die obszönen und aufregenden Vestalinnen der Sexualität, die unaussprechlichen Huren. Sie sahen ganz anders aus als die Liebesdienerinnen heutzutage, die dünnen, blonden slawischen Mädchen, bei deren Anblick einem das Herz weh tut, nein, die Huren damals waren üppige, unflätige Weiber, lachend und schreiend standen sie um Feuer herum, die direkt aus dem Erdinneren zu kommen schienen, um wild flakkernde Flammen, die irdische Genüsse und göttliche Strafen verhießen. Die Frauen gingen zwischen der Dunkelheit und dem roten Licht des immer wieder von neuem angefachten Feuers hin und her, sie trugen absurde Abendkleider, sangen Schlager, waren wunderschön und furchteinflößend zugleich.

Heute hat sich der Strich woandershin verlagert, er wird von anderen Gestalten bevölkert, seine Rituale sind schneller und grausamer, und Tor di Quinto ist eine anonyme Durchgangsstraße geworden. Dennoch stehen noch immer zwei oder drei Prostituierte unter den Platanen: sie sind so alt und heruntergekommen, daß sie einem leid tun. Eine hat ein paar große Mischlingshunde bei sich; wahrscheinlich geht sie nur noch auf die Straße, um ihre Tiere durchzufüttern; eine andere sieht aus wie eine pensionierte Lehrerin, sie trägt ein strahlendweißes Gebiß, hat einen blonden Pagenkopf und humpelt herum wie eine arme Seele im Fegefeuer. Sie haben ihr ganzes Leben damit zugebracht, einsamen Männern ein paar Augenblicke des Glücks zu schenken. Auch für sie sollte ein Gesetz in Kraft treten, das es ihnen ermöglicht, eine kleine Pension zu beziehen, um endlich in den Ruhestand zu treten.

Santa Maria sopra Minerva

Aufgrund einer geheimnisvollen Gleichzeitigkeit treten einige Bilder im richtigen Augenblick aus dem Schatten und kommen unseren Gedanken entgegen, um sich mit ihnen zu vereinigen und sie manchmal sogar zu erhellen. Seit Jahrhunderten kauern sie in einer dunklen Ecke und warten nur auf den passenden Augenblick, um sich uns anzubieten. Und auf einmal stehen sie vor uns, in perfekter Übereinstimmung mit unseren augenblicklichen Problemen. Vielleicht hat aber auch Jung recht, und wir selbst haben sie unbewußt gesucht.

Die Basilika Santa Maria sopra Minerva habe ich schon so oft besichtigt, daß ich glaubte, die außergewöhnlichen Kunstwerke, die sich in ihr befinden, gut zu kennen. In der Cappella Carafa befinden sich wunderschöne Fresken von Filippino Lippi, eine Statue des kreuztragenden Christus, eine Christusstatue mit kurzem Bein, die Michelangelo in einem weniger inspirierten Zustand geschaffen hat, und außerdem das Grab des Beato Angelico, das aussieht wie eine riesige Briefmarke aus Stein, eine Verkündigung von Antoniazzo Romano und darüber hinaus noch viele andere Werke, die den Blick fesseln.

Aber heute möchte ich Sie auffordern, mir in die Kapelle ganz hinten links zu folgen und aufmerksam das Grabmal eines gewissen Giovanni Arberini zu betrachten.

Es handelt sich um ein Werk aus dem 15. Jahrhundert,

vielleicht von Mino da Fiesole, das einen klassischen Sarkophag aus dem fünften Jahrhundert vor Chr. schmückt. Betrachten Sie genau das Basrelief auf dem Sarkophag, hören Sie genau hin, was es uns Menschen des 21. Jahrhunderts, die wir uns am Rande einer weltweiten Krise befinden, zu sagen hat. Herkules ist bei einer seiner zwölf Arbeiten zu sehen, er kämpft gerade mit dem nemeischen Löwen, er hat ihn am Hals gepackt und ist dabei, ihn zu erwürgen. Die Muskeln des Helden sind gespannt vor Anstrengung, und der Löwe wehrt sich, er versucht sich aus der tödlichen Umklammerung zu befreien, er hat eine Pranke erhoben, um Herkules am Kopf zu treffen, sein Maul steht weit offen, wie kurz vor dem letzten Atemzug. In diesem uralten Basrelief habe ich Amerika erblickt, das mit dem afghanischen Löwen ringt, Westen und Osten, die einander auf schreckliche Weise umklammern. Die Landschaft hinter ihnen ist karg, nur ein krummes Bäumchen inmitten des Nichts. Herkules und der Löwe kämpfen verzweifelt, und sie wissen nicht, daß sie nur ein Bild auf der Seitenwand eines Sarges sind, daß sie eine ungeheure Anstrengung unternehmen, bloß um die Flanke des Todes zu schmücken.

Piazzale delle Muse

Einige römische Plätze waren in den siebziger Jahren Hochburgen der Faschisten, und wenn man keine Prügel beziehen oder sogar noch Schlimmeres vermeiden wollte, hielt man sich ihnen besser fern. Was zum Beispiel die Piazza Euclide mit ihrer offen zur Schau getragenen Tristesse anbelangte, war das im Grunde kein großer Verlust, schade war es jedoch um den Piazzale delle Muse, einen Platz, der sich unter anderem bei Sartre und Simone de Beauvoir großer Beliebtheit erfreut hatte.

Zum Glück kann man diesen viereckigen Platz, wo man einen der schönsten Blicke von ganz Rom genießt, seit langem wieder aufsuchen: Man kann sich auf die Veranda der Bar Parnaso setzen und von oben die Moschee, den Fluß, die Felder von Acquacetosa und die Via Olimpica betrachten, die wie eine Spielzeugrennbahn aussieht, und dahinter die Umrisse der Wohnhäuser von Bel Poggio und noch weiter hinten die Silhouette unbekannter Berge.

Aber vor allem kann man einen der sympathischsten Bäume in ganz Rom besichtigen. Ich weiß nicht, ob Sie die kleinen, friedfertigen Pferdchen kennen, deren Bauch fast den Boden berührt, auf denen die Kinder, gefolgt vom besorgten Blick der Eltern, zum erstenmal die Euphorie eines kleinen Ritts auskosten können. Später werden die Kinder stampfende Vollblutpferde oder schnelle Motorräder besteigen, aber fürs erste schaukeln sie auf diesen Tieren eine Runde durch den Park – eine Erinnerung fürs ganze Leben. Ja, und der Baum mitten auf dem Piazzale delle Muse ist wie ein pflanzliches Maultier. Aufgrund einer Laune der Natur oder vielleicht infolge eines heftigen Windstoßes ist sein Stamm so gebogen, daß man fast darauf spazierengehen kann. Für gewöhnlich wachsen Stämme in die Höhe, das ist ihr Schicksal, aber dieser hier widerspricht allen Gesetzen der Natur und wächst am Boden entlang, er scheint zu den Kindern zu sagen: Du kannst ruhig auf mich raufklettern, versuch es, du wirst sehen, es ist nicht gefährlich. Trau dich, vertrau mir, und du wirst sehen, eines Tages wirst du auf die Äste meiner größten Brüder klettern, du wirst Mut haben, von einem Ast zum anderen zu springen, du wirst dem Leben die Stirn bieten. Es sind schon so viele Kinder auf ihm herumgeklettert, daß seine Rinde ganz glatt ist, wie die Oberfläche der Heiligenstatuen, die von den Händen der Gläubigen ganz abgegriffen sind. Und im Grunde ist dieser Baum ein wenig ein Schutzpatron der Kindheit, der Unschuld, der Zeit der schönen Spiele, die nicht wiederkehrt.

Palazzo Federici

Wenn es Sie eines Nachts in den Viale XXI Aprile verschlagen sollte, dann schenken Sie sich fünf Minuten Staunen: lassen Sie den Wagen stehen, den Motorroller, lassen Sie die Verabredungen sausen und dringen Sie in eins der erstaunlichsten Gebäude unserer Stadt vor, den sogenannten Palazzo Federici, so benannt nach dem Erbauer, der diese Tollheit in den dreißiger Jahren realisiert hat. Es ist bloß ein Wohnblock, sieht aber aus wie ein riesiges futuristisches Schloß, ein Bühnenbild zu *Metropolis*, die Materialisation jener rationalistischen Delirien, die Sant'Elia, der Architektenfreund von Marinetti und Boccioni, nie hat verwirklichen können, weil er im Krieg zu früh ums Leben kam. Wenn man die Innenhöfe betritt, fühlt man sich wie eingetaucht in einen Traum: rundherum ist alles überdimensional, unendlich viele Eingänge folgen aufeinander, Säulen aus erleuchtetem Glas, die um die Treppen herumlaufen, steigen wie Raumfahrtrampen zum dunklen Dach des Himmels empor, Hunderte Fenster starren blind, und viele Autos sind hier abgestellt wie in einem lautlosen Stau. Es scheint der Magen eines riesigen Walfisches, der aufgrund einer Wette ein ganzes Land verschluckt und es mit einem einzigen Schluckauf in sich wiederaufgeschichtet hat. Auch bei Tag ist es schön, dieses Gebäude zu besuchen: das Licht der Sonne erhellt diese Fabrik des Lebens, es herrscht unaufhörliches Kommen und Gehen von geschäftigen Leuten, die treppauf, treppab steigen, ein und aus gehen, immer wird gerade ein Teil renoviert und ein anderer scheint kurz vor dem Abriß, an den Türen erblühen rosa und himmelblaue Schleifen, weil auf diesem kleinen Planeten immer irgend jemand geboren wird, und von Zeit zu Zeit führt ein Leichenwagen jemanden mit sich, der gerade seine letzte Wohnstätte hinter sich gelassen hat.

Hier hat Ettore Scola *Una giornata particolare* gedreht, den Tag der Ankunft Hitlers in Rom, den einzigen Morgen, an dem dieser riesige Wohnblock sich fast zur Gänze leerte, weil die Bewohner sich alle auf die Straße ergossen, um dem vorbeifahrenden Führer Beifall zu spenden. Nur eine unglückliche Hausfrau und ein freundlicher Homosexueller blieben zu Hause, gleichgültig gegenüber der Rhetorik. Ihr Aufgang ist die Nummer sechs, die Wohnung ist im siebten Stock, aber wer es wagt, kann noch höher hinaufsteigen, bis unter das Dach, um von oben dieses endlose Universum zu bestaunen und die kleine Stadt ringsum und die winzigen Hügel in der Ferne.

Gedenktafeln

Gedenktafeln suchen ist wie Pilze suchen: man muß sich dafür eine aufmerksame Unaufmerksamkeit bewahren, in einer Art empfänglicher Teilnahmslosigkeit herumwandern und schauen, ohne sich irgend etwas vorzunehmen, muß zulassen, daß sich die Dinge beinahe wie durch Zufall entdecken lassen. Und so finden wir an der schattigen Fassade eines Hauses in der Via del Babbuino eine Gedenktafel, die vom Aufenthalt Wagners erzählt, und in der Via Condotti spüren wir eine andere auf, die an die Durchreise Leopardis erinnert, und in der Via Tevere wiederum eine andere, die stolz verkündet, daß genau in diesem Haus Michael Collins geboren wurde, einer der drei Astronauten, die zum erstenmal den Mond betreten haben.

Es gibt Hunderte, ja vielleicht Tausende Gedenktafeln an den Mauern unserer Stadt, und es hat etwas Bewegendes, die Namen dieser berühmten Männer zu lesen, sich Stendhal oder Goethe oder Torquato Tasso vorzustellen, wie sie aus einem bestimmten Haustor treten, in Gedanken bei den Werken, die ihre Phantasie beherrschen, oder auch nur bei dem Abendessen, das sie erwartet.

Wunderschön ist die Tafel an der Fassade des Albergo del Sole, früher Locanda del Montone, wo einige Verse Ariosts wiedergegeben sind: »*Indi col seno e con la falda piena / di speme, ma di pioggia molle e brutto, / la notte andai sin al Montone a cena.* (Hernach Herz und Magen voll von Hoffnung / doch von Regen naß und häßlich / ging ich des Nachts bis zum Montone zum Essen.)«

Es ist sakrosankt, den Giganten der Kunst und der Geschichte zu huldigen, aber es wäre schön, vielleicht an irgendeinem bescheidenen Haus an der Peripherie an einfache und noble Personen erinnert zu werden. Was weiß ich? »Hier lebte der Sor Giovanni, ein freundlicher Mann und ein Barbier, tüchtig wie selten einer, ein wahrer Meister der Schere und des Kamms, der es verstanden hat, viele häßliche Gedanken vom Kopf der Welt wegzubürsten.« Oder: »Hier wohnte fünfzig Jahre lang die Signora Maria, Volksschullehrerin, die mit Geduld und Liebe Tausende Küken ans Leben heranführte wie eine große Gluckhenne.« Aber leider dreht sich die Welt und vergißt, und nur dem, der wichtig war, ist eine Gedenktafel vorbehalten, die die Zeit und die Nachlässigkeit bald schwärzen. Meine bevorzugte Tafel befindet sich jedenfalls auf der Piazza della Madonna di Loreto, an der Seite des Gebäudes der Assicurazione Generali: »Hier stand das Haus, das Leben und Sterben des göttlichen Michelangelo geweiht war.« Ihn gibt es nicht mehr und nicht einmal das Haus: aber wir stehen hier, wer weiß, für wie lange, um eine Gemütsbewegung zurückzuhalten.

Die Brücke über den Aniene

Mit Schwung über Schwierigkeiten hinwegzusetzen, mit Intelligenz ein Hindernis zu überspringen, aber auch ferne Welten zu verbinden, Einverständnisse und Freundschaften zu erschaffen: wieviel Symbolkraft besitzt jede Brücke der Welt, und wie viele außerordentliche Brücken hat unsere Stadt! Bisweilen machen wir einen Umweg, nur um über die, die wir bevorzugen, zu fahren, weil es uns für einen Moment tatsächlich besser geht, wenn wir den Fluß und die Welt genau von hier aus anschauen. Ich zum Beispiel mag den Ponte Pietro Nenni, den der U-Bahn, ich mag es, wenn die Züge an mir vorüberdonnern, während ich die ruhigen Lastkähne auf dem Tiber betrachte. Und natürlich liebe ich den Ponte Milvio, den großen Alten, und den vor Castel Sant'Angelo, so voller Flügel, daß es aussieht, als ob er fortfliegen könnte, und den gekrümmten Ponte Sisto und sogar den Ponte Palatino, die englische Brücke genannt, weil dort Linksverkehr herrscht.

Aber ich möchte Sie zu einem Brücklein begleiten, das sich auf der alten Trasse der Nomentana befindet und auf wenigen Metern das Rinnsal des Aniene überbrückt; nicht alle Römer kennen es, und das ist schade, weil es feierlich und romantisch ist wie ein vergilbter Druck. Heute weise ich ihm die erste Stelle unter den Brücken Roms zu, und die anderen mögen mir das nicht krummnehmen. Autos und Vespas sind bis vor kurzem gleichgültig darüber hinweggebraust, es schien eine Ruine, dazu bestimmt, auseinanderzubrechen, aber jetzt wurde es perfekt restauriert, und eine kleine Kette verhindert, daß Motorfahrzeuge darüber hinwegrasen. Die Geschichte hat es zerstört und tausendmal wiedererrichtet: in mythischer Zeit wurde es von Viehherden überquert, die ihren Weideplatz wechselten und die Herkules teuer waren, dann von Totila, dem Gotenkönig, zerstört, und von Justinian wiedererrichtet, von Hadrian I. 772 und wiederum viele Jahrhunderte später von Niccolò V. wieder instand gesetzt, in der Folge wurde es durch die Franzosen beschädigt, die die Einfälle der Truppen Garibaldis einzuschränken suchten, und dann von neuem wiederaufgebaut. Jeder hat dieser Brücke etwas genommen und etwas hinzugefügt, als wäre sie eine Sandburg, die von der Welle zerstört und von Menschenhand neu errichtet wird, in einem unendlichen Wettstreit. Heute erinnert sie an einen Salon voller Fenster und Wind, aber auch an den Flur einer Festung und an das Glacis einer Ritterburg wie in einem Vergnügungspark. Sie erstreckt sich zwischen einer großen grünen Wiese und einem desolaten Grüppchen alter Junkies, die versuchen, sich am Ufer des Lebens durchzuschlagen, während der Aniene darunter schäumt, grüßt, vergißt.

Omphalos

Aber wie ist der Mittelpunkt der Welt beschaffen, wo ist er und vor allem: besitzt unsere Welt überhaupt ein Zentrum? Die alten Griechen nannten es *omphalos*, das heißt Nabel, und sie waren fest davon überzeugt, daß er sich in Delphi befand, im Tempel des Gottes Apoll; für Homer dagegen war es die kleine Insel Ogygia, für die Juden ist der Mittelpunkt von allem der Stein der Bundeslade im Tempel in Jerusalem, für die Inder ist es der Baum von Bodh-Gayâ, unter dem Buddha seine Erleuchtung erfuhr. Die Bewohner von Foligno, witzige Leute, behaupten seit jeher, daß das Herz des Universums die zentrale Kugel im zentralen Billard der zentralen Bar ihrer kleinen Stadt ist. Kurz, jedes Volk ist überzeugt, genau zu wissen, wo sich die fixe Nabe befindet, um die herum die unendlichen Strahlen der Existenz kreisen: für jeden liegt dieser magische Punkt immer in der Nähe seines Hauses, er ist die familiäre Autorität, die beschützt und beruhigt.

Auch wir Römer wußten mit einiger Sicherheit, wo sich unser Zentrum befand, aber wir schämen uns fast, zu beichten, wie prosaisch und kindisch unser Glaube war. Wir alle wußten gut, daß das Zentrum der Welt bestimmt nicht der Altar von St. Peter war oder der kaiserliche Stein im Kolosseum, auch nicht der Obelisk auf der Piazza del Popolo oder das universelle Wasser des Flüssebrunnens von Bernini auf der Piazza Navona. Es war viel weniger, es machte fast gar nichts her: kein

Kenner der Kosmologie hatte dem jemals Bedeutung beigemessen, von dem wir wußten, daß es der Nabel des Kosmos war, und so haben wir uns still verhalten, ein rascher Blick aber genügte, um Einverständnis zu erzielen.

Wir Römer waren uns immer ziemlich sicher darüber, wo sich der präzise Ort befand, auf dem Gott die Nadel seines Kompasses angesetzt hat, um die Welt zu zeichnen. Nur Mut, gestehen wir es, ohne zu erröten. Dieser Punkt war die kleine Plattform aus Beton, auf der der Verkehrspolizist stand, der den Verkehr auf der Piazza Venezia regelte. Der Mann in Uniform, armseliges Symbol jeder geheimnisvollen Macht, machte von dort oben seine seltsamen Gesten, versuchte Ordnung in das Chaos zu bringen und handelte sich dafür Schmähungen und Flüche ein. Wir aber waren zufrieden, zu wissen, daß es auf der Welt, in der sich alles bewegt und verändert, einen unverrückbaren, ewigen Punkt gab. Heute, seit ein Preßluftbohrer die Plattform in Stücke gehauen hat, fühlen wir uns viel verlorener.

Die Hochstraße von San Lorenzo

Mit Dynamit, Nitroglyzerin oder Tritol, mit Baggern vielleicht oder mit einer Stahlkugel: wie auch immer es passieren wird, ich verspreche jedenfalls, daß ich mir einen Platz in der ersten Reihe suchen werde, vielleicht sicherheitshalber in der zweiten, um das Schauspiel zu genießen, wenn die Hochstraße mit Getöse in sich zusammenstürzt. Seit Jahren spricht man davon, diesen Darm aus Zement zu zerstören, der die Fenster der Häuser in San Lorenzo streift; militante Sprüche, mit schwarzem Lack auf die Stützpfeiler gesprüht, preisen das Niederreißen des Monstrums, und ich glaube, daß es jetzt ein ernstzunehmendes Projekt gibt, ihn durch eine gefälligere und sauberere Fahrstrecke zu ersetzen. Ich wiederhole, ich werde dem Getöse Beifall spenden, das der Gerechtigkeit zum Sieg verhelfen wird, ich werde die Hand dessen drücken, der den Hebel betätigt haben wird, ich werde mit den Bewohnern des Viertels, die endlich von diesem Schandfleck befreit sein werden, anstoßen, und doch ... Und doch, verzeiht mir diese Selbstsucht, muß ich zugeben, daß es in manchen Sommernächten wunderbar ist, mit der Vespa genau dort hinaufzufahren. Ich entschuldige mich natürlich aufrichtig bei dem, der jede Stunde das Dröhnen der Autos verflucht, die sein Fensterbrett streifen, bei dem, der dazu verurteilt ist, im Schlafzimmer die Auspuffgase einzuatmen, weil nämlich das Hinauffahren in einer sternklaren Nacht und bei beinahe ruhendem Verkehr ein großartiges Erlebnis ist. Wenn man von der Seite des Campo Verano auf die Rampe der Hochstraße einbiegt, wird man unversehens in den Himmel geschleudert, gleich dem Kanonenweib, das Francesco De Gregori besungen hat, und von da oben erscheint die Stadt wie ein strahlendschönes Tal: in einem einzigen Augenblick bewundern wir die riesigen Statuen auf dem Giebel der Fassade von San Giovanni in Laterano, den sonderbaren venezianischen Campanile von San Lorenzo, das himmelblaue Paralleldach der Expantanella, die Porta Maggiore, in der Ferne die Krümmung der Castelli Romani. Und unten funkeln der große Güterbahnhof und die Eisenbahn, die zu den Zügen zur Stazione Termini führt: es erscheint wie eine riesige Modelleisenbahn, von einem einsamen Kind erfunden, das seine Zeit damit verbringt, Weichen und Bahnübergänge zu betätigen, und bei jedem Geburtstag kleine Häuschen hinzufügt.

Dieser Flug dauert knapp eine Minute, aber es ist ein Erlebnis, das Blick und Herz erweitert. Die Stadt schläft, wir sind nach einem Bier zuviel, das wir mit Freunden getrunken haben, ein bißchen beschwipst, die Luft umschmeichelt das Gesicht, und die Gedanken werden leicht. Dann bringt uns die Fahrt jäh auf die Erde zurück, in die engen Straßen des Lebens.

Das heilige Wasser

Als ich mir *The Player* ansah, den Film von Robert Altman, der im Filmmilieu von Los Angeles spielt, hat mich vor allem eine Szene in einem schicken Restaurant sehr beeindruckt. Der Kellner reicht die Mineralwasserkarte den Gästen, die daraufhin sehr sorgfältig das Wasser aussuchen, das nicht nur am besten zum Essen paßt, sondern auch ihrem Geschmack entspricht. Das Wasser, dieses Allgemeingut, das leider in vielen Teilen der Erde, auch im Süden Italiens, Mangelware ist, das Wasser, das unseren Durst stillt und uns erquickt, das Wasser, das Thales als die Mutter aller Dinge bezeichnete, ist zu einem Luxusgut geworden wie französischer Wein, zu einer Sache für Feinschmecker, zu einem Fetisch. Ich war beinahe empört, ich dachte, daß das bei uns nie der Fall sein würde, aber ich habe mich getäuscht.

Auch in Italien trinkt man inzwischen teures Mineralwasser zum Essen, und immer öfter hört man, dieses sei ein wenig zu sauer und jenes hinterlasse einen bitteren Geschmack. Die Herstellerfirmen machen immer mehr Werbung, um den Markt zu erobern, und wir Wohlstandskinder werden immer verwöhnter und anspruchsvoller. Deshalb möchte ich Ihnen eine Insel vorstellen, auf der das Wasser glasklar und billig ist, eine mitten in der Stadt sprudelnde Quelle. Gehen Sie im Viertel Montesacro in die Via Passo del Furlo: das ist eine kleine, enge Gasse, die von hohen römischen Pinien und Villen mit schattigen Gärten gesäumt wird. Auf Nummer 57 befindet sich der Hof der Durstigen: die Quelle Acqua Sacra, eine flüssige Köstlichkeit, die in Dutzende von Rohren fließt. Der Brunnen wurde 1915 gegraben, und seit damals füllen Tausende von Römern das Wasser, das natürliche Kohlensäure enthält, diuretische Eigenschaften besitzt und sehr schmackhaft ist, in Flaschen und Kanister ab. Für nur acht Cent können wir einen Liter mitnehmen, und wenn wir noch ein paar Münzen drauflegen, bekommen wir sogar eine ganze Korbflasche. Aber beim erstenmal geben wir uns vielleicht damit zufrieden, den Mund einem der Rohre zu nähern, so daß uns das kühle Naß in den Mund spritzt, Kinn und Hemd benetzt und einen Augenblick lang die schlechten Gedanken wegschwemmt. Dankbar trinken wir einen Schluck, während uns die wunderschönen Verse von Franz von Assisi einfallen: »Gelobt seiest du, mein Herr, für Schwester Wasser / das sehr nützlich und bescheiden und kostbar und keusch ist ...«

»Gentilini Osvego«

»Wir hatten fürs Jenseits einen Pfiff vereinbart, ein Erkennungszeichen«, schrieb Eugenio Montale in einem liebevollen Gedicht, das er seiner verstorbenen Frau gewidmet hatte.

Vielleicht könnten auch wir Römer uns von nun an über ein Paßwort einigen, das es uns erlaubt, einander wiederzuerkennen, sobald wir in den Elysischen Gefilden sind, in der Hölle, im Paradies, im Nichts, dort also, wo auch immer unser Hotel für die Ewigkeit sein wird. Dazu bedürfte es einer unmißverständlichen Devise, die uns sofort als ehemalige Bewohner der Hauptstadt ausweisen würde. Ich meine, daß die Liste der sieben Könige Roms oder irgendeiner Aufstellung für die italienische Meisterliga nicht genügen würde. Da könnte ja ein neunmalkluger Mailänder daherkommen und diese Litanei von Namen perfekt herunterleiern. Noch weniger würde ein typisches Gericht funktionieren, inzwischen ist dic Küche ja internationalisiert. Es brauchte vielmehr etwas ganz typisch Unsriges, jedem, der im Schatten der Peterskuppel gelebt hat, absolut vertraut und allen anderen vollkommen unbekannt. Ich schlage das Motto »Gentilini Osvego« vor, was halten Sie davon? Nur wir Römer haben Jahre hindurch gefrühstückt, indem wir diese außergewöhnlichen Kekse in den Caffelatte eingetunkt und die bedauert haben, die sich mit Cornflakes oder Eiern mit Speck bestraften. Und weil wir nun schon dabei sind, laßt uns doch, bevor der Herr mit der Sense kommt, um unsere Stengel abzumähen, ein Auge auf die Fabrik der Gentilini werfen, ein wahrer Stolz der Hauptstadt. Bis 1957 wurden diese köstlichen Kekse in einer Bäckerei in der Via Alessandria hergestellt, dann wurde die Arbeit immer mehr, die Nachfrage hatte sich vervielfacht, und deshalb mußte sich die Firma vergrößern und in die Via Affile übersiedeln, auf der Via Tiburtina, gleich hinter dem Grande Raccordo. Wenn man in der Dunkelheit in diese Gegend kommt, sieht man die große Leuchtreklame mit dem Namen der Firma und dem legendären kleinen Zug, der, aus Keksen zusammengesetzt, unaufhaltsam einem fröhlichen Frühstück entgegenrollt. Wenn uns der Sinn danach steht, uns einäschern zu lassen, könnte unsere Begräbnisurne eigentlich die berühmte Blechdose sein, ewiges Symbol für Qualität und Süße. Und sollte uns im Jenseits Marcel Proust begegnen, der die vergangene Zeit durch das Verkosten der Madeleines heraufbeschwor, könnten wir ihn vielleicht umarmen und zu ihm sagen: »Ach Marce', du hast ja keine Ahnung, was du versäumt hast, du weißt ja nicht, wie gut die Gentilini Osvego gewesen sind ...«

Borghetto di Via Prato Falcone

Manche Inseln ruhen abgekapselt inmitten des Tohuwabohus der Stadt, in ein Gehäuse eingeschlossen, das zu zerbrechen sie sich hüten. Vielleicht könnten sie ja bisweilen eine Fahne hissen, um sich bemerkbar zu machen, eine Positionsrakete in den Himmel schießen, einen farbigen Prospekt veröffentlichen, der sie bekannt macht, aber ganz instinktiv wissen sie, daß sie das besser lassen sollten. Sie ziehen es vor, so zu tun, als gebe es sie gar nicht, lassen es zu, daß die Welt gleichgültig neben ihnen her läuft. Und mir tut es manchmal fast leid, auf sie aufmerksam zu machen, weil es mir vorkommt, als würde ich so viel Diskretion dadurch beleidigen.

Ein typischer Fall ist der Borghetto di Via Prato Falcone. Es ist das eine Handvoll Häuser aus den zwanziger Jahren, die sich am Lungotevere befinden, ein wenig unterhalb des Straßenniveaus, kurz vor der Kreuzung mit dem Viale Angelico. Die Autos umkreisen dieses friedliche alte Dorf blind, umgeben es gleichsam wie in einer Belagerung, am Sonntag posaunen sie die Siege von Roma und Lazio aus, und dennoch weiß kaum einer der Fahrer, daß er seine kochendheiße Karre parken und dadurch wenigstens fünf Minuten dem Chaos der Stadt entfliehen könnte. Schade, weil es wirklich eine Freude ist, in den engen Gassen dieses wundersamen kleinen Viertels vor sich hin zu pfeifen. Viele von denen, die hier wohnen, sind tatsächlich hier geboren, dann sind sie vielleicht anderswohin ausgewandert, in andere Städte oder in andere Viertel von Rom: aber bald hat sie das Heimweh eingeholt, und sie sind zurückgekehrt, haben die Häuser restauriert, Tore und Höfe wiederhergerichtet, und jetzt genießen sie den Frieden, die einfache Schönheit des Ortes. Hunde und Kinder tollen fröhlich in den kleinen Gassen umher, ohne Furcht davor, überfahren zu werden, es gibt sogar einen Streifen, der noch etwas Ländliches bewahrt hat, ein Hektar unbebautes Grünland, wo der Blick umherschweift und die Luft rein wird. Hier sehen die Gesichter der Leute anders aus als die der anderen Römer, man lächelt leichter, und es ist möglich, sich ein bißchen zu unterhalten, wie das in den Dörfern geschieht, wo die Stunden noch langsameren Schrittes daherkommen. In drei Minuten ist man auf der Piazza del Popolo, aber würde ich hier wohnen, würde ich vielleicht nur selten hingehen, mir statt dessen ein Sesselchen kaufen und die helle Friedlichkeit des Tages genießen, das rötliche Licht des Sonnenuntergangs.

Die selige Ludovica Albertoni

»Der Kontrast zwischen Leben und Tod spielt in der barocken Ikonographie eine primäre Rolle, und eine der typischsten Erneuerungen dieser Epoche ist das, was wir als den ›seligen Tod‹ definieren könnten«, schrieb Erwin Panofsky, einer der bedeutendsten Kenner der Kunst des 17. Jahrhunderts. Und nun, nachdem wir dieses gelehrte Zitat angeführt haben, wollen wir gemütlich auf der Suche nach einem Beispiel für das barocke Gleichgewicht zwischen dem Abkratzen und der tiefen Anbetung des Lebens dahinschlendern. Bisweilen kreuzen sich diese beiden Aspekte in der Dimension der mystischen Ekstase, die das Individuum für nichtig erklärt, dadurch, daß sie es in eine höhere Sphäre entrückt, wo das Leben zur reinen Hingabe an den göttlichen Willen wird. Wir könnten also unsere Schritte in Richtung der Kirche Santa Maria della Vittoria lenken und uns unter die Touristenscharen mengen, die sich die Hälse verrenken, um wenigstens einen Blick auf die »Mystische Ekstase der heiligen Teresa« zu werfen, das größte Meisterwerk Berninis. Aber wir möchten etwas weniger Bekanntes, etwas Ausgefalleneres. Es macht uns keinen Spaß, einem deutschen oder spanischen Fremdenführer zuzuhören, der vor fünfzig armen Schweinen, mitgenommen durch drei Tage Kirchen- und Museen-Marathon, seinen kurzen Sermon herunterbetet.

Also gehen wir eine andere Skulptur bewundern, die Leben und Tod enthält und sich weiter weg befindet, außerhalb der ausgetretenen touristischen Pfade. Unser Ziel ist die selige Ludovica Albertoni, die seit mehr als drei Jahrhunderten in einer kleinen Kapelle von San Francesco a Ripa stirbt und Wollust empfindet. Auch sie ist ein Werk von Bernini, das letzte, bevor der Meister aufbrach, die Wolken des Himmels zu meißeln. Die selige Ludovica Albertoni, eine römische Dame, die sich dadurch verdient gemacht hat, daß sie die Verwundeten nach dem Sacco di Roma von 1527 pflegte, haucht hier ihren letzten Atemzug aus: ihr Gewand ist durch den Todeskampf und die barocke Freude am Verkomplizieren der Dinge zerknüllt, die Augen sind schon geschlossen, die Hände auf dem Busen in einer Art himmlischem Orgasmus ineinander verkrampft. Bernini hat die Wand im Hintergrund zurückversetzt, so daß aus einem kleinen Fenster die Strahlen der Sonne auf diesen erhabenen Tod fallen können und sich solcherart die letzten Zuckungen auf theatralische Weise verstärken. Man verharrt mit offenem Mund vor diesem aus Leben und Tod geknüpften seligen Knoten wie vor der Darbietung einer großen Schauspielerin, die sich bald wieder erheben wird, um Beifall und Blumen in Empfang zu nehmen.

Verano-Friedhof

Es ist zwar noch nicht November, der Monat des Totengedenkens, in dem die Chrysanthemen die einzigen Blumen sind und die Gedanken sich mit gesenktem Haupt in Richtung derer bewegen, die nicht mehr unter uns weilen, wir fahren aber trotzdem zum Verano-Friedhof – Verano bedeutet auf spanisch Sommer: was für ein schönes römisches Paradox! –, um unsere Toten zu besuchen sowie all jene, die wir nie kennengelernt haben, deren auf den Grabsteinen angebrachte Fotos uns aber dennoch melancholisch betrachten. Wenn wir zum sogenannten Pincetto, dem ältesten Teil des Friedhofs, hinaufgehen, begegnen wir auf den kalten Seiten aus Marmor und Stein einer Menge Geschichten und Gesichter. »Von einem Arbeitsunfall aus unserer Mitte gerissen«, »von einer grausamen Krankheit hinweggerafft«, »mit dem U-Boot verschollen«, »bei einem Bombenangriff ums Leben gekommen«: jeder Tod enthält das ganze Leben von Menschen, die Americo, Zenocrate, Scipione, Ildebrando heißen, Namen aus einer Zeit, die längst Vergangenheit ist. Manche von ihnen klammern sich krampfhaft an den Titel, mit dem sie vielleicht vom Friseur oder vom Zeitungsverkäufer angesprochen wurden: *commendatore, cavaliere, Verwaltungsbeamter der königlichen Post*, als ob diese armseligen Bezeichnungen sie auch jetzt noch, an ihrem nunmehrigen Aufenthaltsort, beschützen könnten. Und ein jeder schleppt schwerfällige Eigenschaftswörter mit, die Zeugnis davon ablegen sollen, daß er zu Lebzeiten gottesfürchtig und bescheiden, arbeitsam und fleißig gewesen ist, und auch lange Sätze auf lateinisch, in denen Begriffe wie *sapienter, strenuus, magnificentissimus* auffallen. Aber das allerschönste Grab, das wirklich von der letzten Seite eines ergreifenden Groschenromans zu stammen scheint, befindet sich verlassen unter einer großen Zypresse. Es ist die letzte Ruhestätte von Stella Bonheur, geboren in New York und gestorben 1901 in Fiano Romano, und der merkwürdige Sarkophag wirkt einerseits ägyptisch, andererseits christlich. Pfaue, die Symbole der Unsterblichkeit, befinden sich neben christlichen Lämmern, die den Glauben darstellen, und er wird von einem Streifen vergoldeter, inzwischen schon beinahe verblaßter Mosaiksteine verziert. Wer weiß, wer Stella Bonheur war, eine Tänzerin, eine Halbweltdame, eine aufstrebende Schauspielerin?

Wer weiß, was sie von New York hierher verschlagen hat. Seitlich auf dem Grab steht ein schlichter und rührender Spruch. »Möge dein ewiger Schlaf ein langer Liebestraum sein.« Das hoffen auch wir, Stella Bonheur, für dich und für alle anderen.

Little London

Man weiß, was London für uns ist: eine Stadt, in der man sich nicht aufhalten kann ohne Geldbörse, die vor Pfundnoten überquillt. Ein Abendessen kostet ein Vermögen, für einen Kaffee braucht man mehr oder weniger drei Euro, für einen Kinobesuch vierzehn und so weiter. Die Flüge sind preiswert, die Fluggesellschaften überbieten sich mit Billigpreisen, aber kaum gelandet, beginnt das Desaster. Und dann gibt es noch das altbekannte Problem der Sprache: von klein auf haben wir die englische Grammatik gebüffelt und die schönsten englischen Lieder übersetzt. Jetzt gelingt es uns zwar, ein paar Sätze aufzusagen, wie es sich gehört, aber sobald wir vor einem Londoner stehen, der rasch spricht, verstehen wir gar nichts mehr, und wir sind frustriert. Was also soll man sich einfallen lassen, wenn uns plötzlich die Lust ankommt, uns ein bißchen in den Straßen jener Stadt zu bewegen, die heute das Zentrum der Musik, des Theaters, der Literatur und vieler anderer Dinge ist? Ich schlage einen bescheidenen, aber sympathischen Ausweg vor. Zwischen der Via Flaminia und der Via del Vignola gibt es eine kleine Straße, die die Römer Little London nennen. Zwei große Gittertore verhindern die Durchfahrt von Autos, aber zu Fuß kann man ungestört durchgehen und befindet sich – *snap*! – auf einmal in einer Querstraße der Sloane Street oder nahe vom Belgrave Square, und Rom ist eine ferne Erinnerung. Ich weiß nicht, wie dieses Wunder möglich war, es ist, als ob sich ein Meteorit vom Planeten London gelöst hätte, um frei im All zu fliegen und im Inneren unserer Stadt einzuschlagen. Die Häuser sind niedrig und haben alle die klassischen Treppen aus Stein, die bis zu den kleinen hölzernen Türen führen, die Zäune sind mit vergoldeten Spitzen geschmückt, die Briefkästen sind hübsche Nachahmungen ihrer Brüder jenseits des Ärmelkanals, es scheint fast, als wäre der Himmel weniger blau als über dem Lungotevere, als würde ein leichter feiner Nebel die ganze Straße einhüllen. Wir sind verblüfft, stottern *beautiful* und *very well*, kehren stumm um und bewundern diese hundert Meter England. Auf dem Gehsteig geht ein Herr, es könnte Paolo Meccarti oder Ringo Stella sein oder vielleicht der Doktor Gechi, der dabei ist, sich in Herrn Aidi zu verwandeln, oder Giacomo lo Sbudellatore alias Jack the Ripper. Flüchten wir also aus diesem geheimnisvollen englischen Traum, ganz schnell, um in unser vertrautes, friedliches römisches Tohuwabohu zurückzukehren.

Sant'Agostino

Die Untersuchungen bestätigen endgültig, daß in Italien immer weniger Kinder geboren werden, eins Komma sechsundzwanzig pro Frau (und für den armen menschlichen Rest hinter dem Komma können wir, die wir von Statistik keine Ahnung haben, nur fürchten), und dennoch habe ich den Eindruck, daß man auf den Straßen mehr dicke Bäuche sieht, und deshalb widme ich diese Insel den zukünftigen Müttern, die, nachdem sie beim Gynäkologen gewesen sind, nach der unvermeidlichen Schwangerschaftsgymnastik und dem wohltuenden Schwimmen, einen Kurzbesuch in der Kirche Sant'Agostino auf dem Campo Marzio machen könnten. Genau neben dem Eingang befindet sich die Madonna del Sasso, vom Volksmund in Madonna del Parto umbenannt. Das ist eine schöne Bildhauerarbeit von Jacopo Sansovino, seit Jahrhunderten Ziel vieler schwangerer römischer Frauen. Der linke Fuß der Jungfrau wurde durch die frommen Hände derart abgerieben, daß man ihn nun mit einer Art metallener Gamasche überzogen hat. Ich weiß, wir sind alle Laien, Wissenschaftsgläubige, Rationalisten, aber eine freundliche Bitte um göttlichen Beistand kostet nichts, und schaden kann sie bestimmt nicht. Und damit nicht genug: etwas weiter drüben befindet sich ein anderes wunderbares Mädchen, das seinen großen Jesusknaben fest in den Armen hält. Es handelt sich um die Madonna dei Pellegrini von Caravaggio, die von der Schwelle ihres Hauses aus zwei armen Knienden einen liebevollen Blick schenkt. Aber das ist noch nicht alles: die Kirche Sant'Agostino scheint eine wahre himmlische Geburtshilfestation zu sein, und deshalb finden wir etwas weiter vorne eine dritte wunderschöne Madonna mit Kind. In der Mitte eines Wandpfeilers befindet sich eine Gruppe aus Marmor, die von einem anderen Sansovino gemeißelt wurde, von Andrea nämlich: diesmal ist bei Mutter und Kind auch die Großmutter, die weise und aufmerksame heilige Anna. Man erzählt sich, daß die Dichter der Renaissance ihre Schriften unter dieser Statue niedergelegt haben, vielleicht weil ja auch die Dichtkunst ein reiner und komplizierter Geburtsvorgang ist, göttliche und allermenschlichste Schöpfung. Also, die schwangeren Frauen können eine glückverheißende Kerze entzünden, wo sie glauben, daß es am besten ist, es besteht bloß die Qual der Wahl. Auch die Männer, ein bißchen gelangweilt, können etwas lernen, indem sie den großen Propheten Jesaia bewundern, den Raffael gemalt hat. Er ist ein Muskelpaket, ein Athlet des Geistes, und es scheint, als würde er sagen: »Bereitet euch darauf vor, Väter zu sein, dazu bedarf es Kraft und Mut.«

Das Mignon

Vor Jahren trugen die römischen Kinos so hochtrabende Namen, als wären sie Ozeandampfer und wollten das Publikum, das an Bord ging, um sich einen Film anzusehen, schon allein damit zum Träumen bringen. Sie hießen Triomphe, Empire, Rex, Metropolitan, Maestoso, Mondial, Universal – Namen, die nach großartigen Darbietungen, legendären Schauspielern, spektakulären Geschichten klangen und in Aussicht stellten, dem Alltagstrott und den engen häuslichen Verhältnissen wenigstens für zwei Stunden zu entkommen. Einige dieser Kinos gibt es heute nicht mehr, andere sind umgetauft worden, nur noch einige wenige haben ihren bombastischen Namen behalten. Und außerdem gab es – und gibt es zum Glück immer noch – das Mignon, hinter der Piazza Fiume, dessen kokett auf den kleinen Saal anspielender Name bereits darauf hinwies, daß es anders als die anderen war. In diesem Kino, in dem viele ihre Liebe zum Film entdeckten, wurden Werke mit Totò, Sordi, Fabrizi, die Filme der großen Meister und das neue amerikanische Kino gezeigt. Mit einem Wort, das Mignon war eine echte Stätte der Kultur und hält noch immer auf Qualität. Und jedesmal, wenn ich durch die Glastür trete und mich an der Kasse anstelle, schweift mein Blick unweigerlich zur Wand, an der sich ein wunderschönes mehrfarbiges Mosaik aus den fünfziger Jahren befindet. Es stammt von Leoncillo, einem bedeutenden Bildhauer und Keramikkünstler aus Spoleto, der bis zu seinem Lebensende 1968 in Rom tätig war. Auf dem Mosaik tanzt Harlekin mit Pulcinella, sie sind auf synthetisch-dynamische Weise dargestellt, in postkubistischer Manier, vor einem leuchtendroten Hintergrund. Harlekin spielt eine kleine Gitarre, die aussieht wie eine Leihgabe von einem Gemälde Picassos, Pulcinella eine drollige Kindertrompete, und um sie herum taucht in mehreren Vierecken immer wieder eine merkwürdige geometrische Figur auf, die wie eine Sanduhr aussieht – eine Mahnung, daß die Zeit vergeht, während wir tanzen wie Figuren aus der Commedia dell'arte. Es ist wirklich ein kleines Meisterwerk, fröhlich und melancholisch zugleich. Und es erinnert uns daran, daß man früher, wenn man öffentliche oder private Gebäude errichtete, per Gesetz einen kleinen Prozentsatz des Geldes für Dekorationen verwenden mußte und daß die Gebäude deshalb schöner waren und die Künstler auf der ewigen Baustelle des Lebens mehr Beschäftigung fanden. Zugegeben, heutzutage gibt es mehr Museen, aber wir würden es begrüßen, wenn sich auch in der Eingangshalle unseres Hauses ein Kunstwerk befände, anstelle des armseligen Gummibaums aus Plastik.

Die Treppe des Scudetto

Es gibt Treppen, die in den Himmel geleiten, und andere, die in die finstersten Keller hinunterführen, Wendeltreppen, die sich gewunden luftigen Terrassen entgegenschrauben, und Eisentreppen, die zu den Kloaken hinuntersteigen, es gibt nützliche Treppen und mißglückte, königliche Stufen und Hühnerleitern, strenge Bibliotheksstiegen und schwankende Seilstufen, auf denen die Trapezkünstler ihre Volten schlagen. Jede ist das, was sie ist, und das, was sie scheint: ein Symbol der menschlichen Schicksale, in der Schwebe zwischen Auf- und Abstieg, zwischen Glück und Niederlage.

Im Viertel Monte Sacro, zwischen der Via Tirreno und der Via Tremiti, gibt es eine Freitreppe von neunundneunzig Stufen, die zum Sinnbild der wechselvollen Fußballgeschicke unserer Stadt wurde. 1983, als der Club Roma von Falcao und Conti den Meistertitel gewann, bemalten einige Anhänger die seitlichen Profile der Stufen in Gelb und Rot, und in die Mitte dieses Aufgangs aus Travertin pinselten sie den großen Scudetto, das Vereinswappen. Die Jahre vergingen, die Erfolge verblaßten, und unter der Sonne der Hoffnungen und dem Regen der Enttäuschungen verblaßte auch dieser Triumph der Farben. 2000 war es dann der Club Lazio von Mancini und Nesta, der an die Spitze rückte: und nun, in der ersten Nacht der Apotheose, waren es die Anhänger der Mannschaft von Erickson, die die Freitreppe mit den Farben Weiß und Blau bemalten. Von oben merkte man nichts, aber von unten wirkte die Treppe wie eine große Siegesfahne. Heute dir und morgen mir, und so geschah es denn auch, daß im Jahr darauf der Club Roma von Capello und Batistuta die Oberhand über die anderen Rivalen gewann. Die Treppe konnte selbstverständlich nicht Trophäe von Lazio bleiben, es genügten ein paar Stunden und viele Pinsel, um sie von neuem in einen gelb-roten Jubelschrei zu verwandeln, mit jeder Menge Hinweisen auf das Jahr der Gründung der Mannschaft, einem riesigen 1927. Und vorläufig bleibt das so, auch wenn irgendein Witzbold irgendwelche Schmähungen gegen Burschi Totti hinzugefügt und irgendein dummer Faschist in die Mitte des Scudetto ein äußerst unsympathisches Symbol geschmiert hat. Kann sein, daß die Stufen im Mai wiederum die Farben wechseln, weil nichts auf dieser Welt ewig ist, wer verloren hat, wird siegen, wer gesiegt hat, wird untergehen, und die Treppe ist hier, um uns daran zu erinnern, daß man im Leben hinauf- und hinabsteigt, und wie schön es doch ist, zu spielen.

Die Krippe in Santa Maria Maggiore

Jedes Jahr kommt der Augenblick, in dem man die kleinen Figuren aus dem Schrank holt, um die Weihnachtskrippe aufzubauen: die Mädchen glätten mit den Nägeln das Silberpapier für den See, die Jungen sind den Eltern dabei behilflich, Lichter und kleine Hütten aufzustellen, den sternenbesetzten Himmel aufzurollen, und vielleicht ist ja nicht mehr alles in der richtigen Größenordnung, weil manches Stück mit den Jahren zerbrochen ist und ergänzt wurde, so gut es eben ging, und deshalb gibt es Schafe, die aussehen wie Dinosaurier, und winzige Pygmäenhirten neben anderen, die riesengroß sind. Aber andererseits ist auch das Leben so, wir sind nicht mehr dieselben wie letzte Weihnacht, irgendeiner lebt nicht mehr, und dafür ist ein anderer erschienen, ein Großvater hat seine irdische Geschichte beendet, und ein Enkel hat gerade die seine begonnen. *A Christmas Interlude*, ein Theaterstück von Thornton Wilder, erzählt genau von diesem melancholischen Kommen und Gehen.

Die schönste Krippe Roms ist vermutlich jene, die sich in der Cappella Sistina der Basilika Santa Maria Maggiore befindet. Sie ist ein Werk von Arnolfo di Cambio und hat sich ursprünglich ganz nah bei der Kirche befunden: Papst Honorius IV. hatte sie in Auftrag gegeben, um dadurch einige heilige Reliquien zu ehren, es sollen ausgerechnet die Bretter der Krippe gewesen sein, in die in Bethlehem das Jesuskind gelegt wurde.

Am Ende des 16. Jahrhunderts wurde die Krippe durch den Architekten Domenico Fontana der Basilika einverleibt. Um sie zu sehen, muß man einem Mesner ein paar Euro reichen, und dann macht er uns eine kleine Gittertür auf, läßt uns über die Marmortreppen hinuntersteigen und in eine Krypta eintreten, wo sich die Heilige Familie befindet. Der Ochs und der kleine Esel strecken den Kopf aus einer Nische: der Rest ihrer Körper ist verlorengegangen, aber das, was zählt, ist ja, daß diese Mäuler Wärme verströmen. Joseph und die Heiligen Drei Könige sind ein bißchen plump, elementar, poetisch, sie erinnern an Mittelalter und Einfachheit, erwecken Sympathie. Die ursprüngliche Madonna aber gibt es nicht mehr, man sagt, sie hätte gelegen, das Kind im Arm: an ihrer Stelle gibt es eine barocke Madonna, der es peinlich ist, hier zu sein, Weihnachten in einer Familie, die nicht die ihre ist, zu verbringen. Im Grunde ist diese Krippe Sinnbild der neuen Familien, die aus geschiedenen Leuten bestehen, aus Männern und Frauen, die aus kaputten Ehen hervorgegangen sind und es jetzt noch einmal probieren, aus Kindern mit vielen Vätern und Müttern und einer leichten Beklemmung.

Die besten Gnocchi der Welt

»Ja lach nur, Mama hat Gnocchi gemacht«, mit diesen Worten wendet man sich noch heute an Kinder, die von einer ebenso unbändigen wie unverständlichen Fröhlichkeit überkommen werden. Der einzige Grund, der diese Glückseligkeit erklärt, könnte ein schöner Teller Gnocchi sein, ergo – wie die Syllogisten, zu Sophismen aufgelegt, sagten – sind die Gnocchi das höchstmögliche Gut.

Vielleicht besitzen wir einen der tausend Gastronomieführer, die die ausgefallensten Restaurants der Stadt aufzählen, jene, wo sich die Preiselbeere dem Hasen vermählt und der Kaviar dem Strauß den Hof macht, doch bin ich mir sicher, daß in keiner dieser Bibeln die Trattoria von Domenico auftaucht, in der Via Attilio Zuccagni Orlandini, im Pigneto-Viertel. Und dabei ißt man bei Domenico wirklich die allerbesten Gnocchi der Welt, und das will, mit Verlaub, schon etwas besagen. Selbstredend ist der dafür festgesetzte Tag der Donnerstag, so wie der klassische Kalender der römischen Küche es vorschreibt. Man muß sich dazu eine Weile in den Winkeln des Viertels verlieren, irgendeinen Passanten danach fragen, der das Lokal kennt und doch nicht so recht kennt, in ein paar Straßen von der falschen Seite her einbiegen, schlußendlich aber gelangt man vor einen kleinen Garten, der ein wahrer *hortus conclusus* ist, ein Ort, der auf zauberische Weise nichts mit den Kümmernissen dieses Lebens zu tun zu haben scheint.

In der Mitte dieses Gartens wächst ein Paradiesesbaum, und auf den zehn wackligen Tischen, die um ihn herum stehen, dampfen grandiose Portionen Gnocchi al Sugo delle spuntature. Die Stammgäste sind zumeist Arbeiter – Maurer, Elektriker –, die ihre Mittagspause damit verbringen, diese Köstlichkeit auf ihre Gabeln zu schaufeln und einen Halben Rotwein nachzugießen. Es herrscht eine freundliche, ja herzliche Atmosphäre, so wie früher: man unterhält sich von Tisch zu Tisch, über die Gnocchi und über alles, man lacht wie die Kinder, weil das Leben manchmal schön ist, wenn Mama Gnocchi gemacht hat.

Die Kirche der Geburt Jesu

Die Insel, zu der ich Sie bringen will, befindet sich außerhalb von Zeit und Raum, im heiligen Meer der Schönheit, dort, wo Rom auf Afrika trifft und die barokken Engel die Trommeln schlagen und die Flügel im Rhythmus der Musik bewegen. Dazu muß man die Piazza Pasquino erreichen, vielleicht einen Blick auf die »sprechende Statue« werfen, die vor dem Palazzo Braschi seit vielen Jahren gegen jeden Mißstand wettert, und dann in die Kirche der Geburt Jesu treten. In dieser Kirche, die 1692 errichtet wurde, versammelte sich die Erzbruderschaft der Agonizzanti, und die dürften nicht gerade große Sympathieträger gewesen sein: sie hüteten die Windeln, in die das Jesuskind gewickelt war – heilige imaginäre Reliquien. Unweigerlich gaben die Agonizzanti im Lauf der Jahrhunderte, ihrer Berufung gemäß, den Geist auf, und ihr Platz wurde von der kongolesischen Gemeinde eingenommen, unendlich sympathischere und vitalere Leute. Ich lade einfach alle ein, glühende Katholiken oder verbiesterte Gotteslästerer, der Elf-Uhr-Messe beizuwohnen: das ist eine unvergeßliche Zeremonie, halb Kulthandlung, halb Schauspiel, ein solches Kondensat aus Freude und Energie, daß wir uns für unsere muffigen und tristen Gedanken genieren. Anscheinend kommen die Musicals wieder in Mode, ich bin aber überzeugt, daß kein heutiges Musical dem Vergleich mit der Messe unserer kongolesischen Freunde standhalten kann. Vor dem Altar hat ein Chor schöner junger Afrikaner Aufstellung genommen, Männer und Frauen in langen bunten Gewändern, begleitet von Gitarren, Bongos und Pianolas und dirigiert von einem Kapellmeister mit zwei Händen, groß wie Schiffsplanken. Sie singen und tanzen während der ganzen Messe, und ihre Brüder, über die Bänke der Kirche aufgeteilt, begleiten sie, indem sie in die Hände klatschen und sich im Wind des Glaubens wiegen. Es kommt einem vor, als würde man sich auf einem Fest mitten unter Leuten befinden, die nicht daran denken, sich der Resignation hinzugeben: die heidnische Verzückung mischt sich mit einem Gefühl christlichen Gemeinsinns, und die Musik erfaßt den Körper und dann den Geist. Die wenigen Weißen, die der Messe beiwohnen, versuchen zu widerstehen, aber bald lassen auch sie sich mitreißen, singen und tanzen wie kleine Kinder, ein bißchen falsch und unsauber, aber glücklich. Wenn man aus der Kirche tritt, ist man ein wenig überrascht, hier draußen die regnerische Melancholie des Sonntags wiederzufinden.

Der protestantische Friedhof

In diesen Tagen toben Krieg und Wahnsinn, und niemand weiß, wie lange noch und wieviel Leid sie auslösen werden. Die Bomben und der Schmerz sind weit entfernt, aber der Rauch der Zerstörung ist sogar hier spürbar, der Wind der Angst bringt ihn herbei, und er dringt in Lunge und Gedanken ein.

Dieser unsystematische Führer möchte auf Orte aufmerksam machen, wo sich Schönheit und Poesie wie auf einer Insel erhalten haben: auf Bücher, Bäume, Bilder, eine Bar am Stadtrand, eine Nebenstraße – aber hin und wieder würden wir uns am liebsten ein schwarzes Tuch überwerfen, uns ein Schild mit der Aufschrift »Wegen Trauerfall geschlossen« umhängen und die einfachen Worte des Lebens auf bessere Zeiten verschieben. Am liebsten würden wir beiseite treten und darauf warten, daß der bittere Geschmack des Unglücks vergeht. Dennoch zwingt uns irgend etwas, weiterzumachen, vielleicht die Illusion, selbst ein kleiner wohlformulierter Satz könne dazu beitragen, die Harmonie wiederherzustellen. Wenn der Flügelschlag eines Schmetterlings tatsächlich ein Erdbeben in Tausenden Kilometern Entfernung auslösen kann, kann vielleicht auch eine der Schönheit gewidmete Minute einen Brand löschen. Also besuchen wir den protestantischen Friedhof in Rom, neben der Cestius-Pyramide, einen der heitersten und ergreifendsten Orte in unserer Stadt. Hier liegen Keats und Shelley begraben: die beiden romantischen englischen Dichter, die in Rom an der Piazza di Spagna wohnten und sehr jung starben. Das Grab des einen liegt mitten auf einer großen Wiese, und auf dem Grabstein befindet sich nicht einmal sein Name, sondern nur die berühmte Inschrift: *»Here lies one whose name was writ in water«* – hier liegt einer, dessen Name in Wasser geschrieben wurde. Auf dem Grab des anderen, der im Tyrrhenischen Meer ertrank, sind hingegen einige Verse aus Shakespeares *Sturm* zu lesen: »Aber nichts von ihm soll verlorengehen, denn ein Wunder des Meeres verwandelt ihn in etwas Reiches und Merkwürdiges.« Wie alle Dichter haben Keats und Shelley früh begriffen, daß unser Aufenthalt auf dieser Erde begrenzt ist, daß die Wellen uns tragen und dann auslöschen, daß sie uns vielleicht verwandeln.

Santa Costanza

Viele Römer haben, glaube ich, schon einmal an einer Hochzeit teilgenommen, die in der Kirche Santa Costanza an der Via Nomentana gefeiert wurde. Man bewundert die Braut, begrüßt Freunde und Verwandte, man schwitzt, in elegante Kleider eingezwängt, man wirft eine Handvoll Reis, und dann nichts wie weg, alle in den Wagen, in Richtung eines entfernt gelegenen Restaurants, wobei man fröhlich auf die Hupe drückt. Von der Kirche bleibt eine vage Erinnerung, im Grunde war sie nur Behältnis für ein freudiges Ereignis, und dabei ist sie einer der schönsten Orte unserer Stadt und verdient einen stillen Besuch.

Ich werde mich jetzt nicht hinstellen, um den Cicerone zu spielen, um alle die Veränderungen dieses außergewöhnlichen Rundbaus aufzuzählen, zuerst heidnisches Mausoleum, dann christlicher Tempel, dann Treffpunkt ausgelassener holländischer Künstler, dann von neuem katholische Kirche. Ich möchte bloß auf eine Stelle an der Decke des ringförmigen Chorumgangs aufmerksam machen, ein Terminus technicus, um den runden Umgang zu bezeichnen, der die Altarzone einfaßt. Das Gewölbe ist vollständig von wundervollen Mosaiken aus den ersten Jahrzehnten des vierten Jahrhunderts bedeckt, einige zeigen geometrische Verzierungen, andere pflanzliche Motive, die auf das Thema des Weinstockes im Evangelium verweisen. Aber die, die man besonders aufmerksam betrachten sollte, befinden sich rechts und links vom Sarkophag der Costanza. Sie gehören zum Typus des sogenannten »Ungefegten Raums«, wo die Reste eines Mahls vorgetäuscht werden, die zu Boden gefallen sind. Das ist eine große und alte Idee, bei der die Unordnung zum Kunstwerk wird, etwas, was den Jazz und das *action painting* vorwegnimmt, das *dripping* von Pollock und die chaotischen Kataloge von Alighiero Boetti. Es ist das Universum, das aus der Wohlgeordnetheit einer schön gedeckten Tafel gestürzt ist, die Harmonie, die auseinanderbricht und sich auf dem Boden des Lebens verliert. Da gibt es Teller und Amphoren, Trinkschläuche und verschiedenes Tafelgeschirr, verloren zwischen Hunderten von Laubgewinden und kleinen Zweigen, dazwischen Vögel jeder Art, Pfaue, Wachteln, Fasane, bis hierher geflogen, um Brösel und Brotkrumen aufzupicken. Man möchte die Augen zusammenkneifen, um die in einer Trattoria verlorengegangenen Wohnungsschlüssel zu suchen, den Schirm und eine Verlobte und die vergangenen Tage, alles das, was sich wohlgeordnet auf unserem Tischtuch befand und nun weiß der Teufel wohin gefallen ist. Aber vielleicht liegt die ganze Welt verstreut auf dem Boden, der noch nicht gekehrt wurde, und man sollte sie lieben, bevor der Große Besen darüber hinwegfegt.

Galleria Doria Pamphilij

Schatten, ein bißchen Schatten, um alles in der Welt! Einen erfrischenden und stillen Ort, einen Winkel, in den die feurigen Lanzen der Sonne nicht vordringen – das ist es, was wir heute ersehnen. Das ist kein Sonntag zum Spazierengehen, das Pflaster glüht unter den Füßen, das Eis zerschmilzt zwischen den Fingern, und im Kopf versickern die klebrigen Gedanken. Wir sehen die Fremden von einem Monument zum anderen ziehen, auf den üblichen touristischen Trampelpfaden, einem Sonnenstich näher als irgendeiner glücklichen Entdeckung, und es kommt uns die Lust an, auch ihnen ein Plätzchen zu empfehlen, wo die Schönheit sich mit einem Minimum an Erfrischung vereint, wo Geist und Fleisch ausruhen mögen. Verlassen Sie das Kolosseum und die Fontana di Trevi, folgen Sie mir, ich werde Sie in einen wundervollen Raum bringen, vor Meisterwerke, die den Blick erfrischen. Kommen Sie mit in die Galleria Doria Pamphilij auf der Piazza del Collegio Romano. Schon das Porträt Innozenz' X., von Velázquez gemalt, jagt Schauer über den Rücken: der feste und lauernde Blick des Papstes ist eine eiskalte Klinge, die in die Tiefe vordringt, er ist die perfekte Darstellung einer strengen und unerbittlichen Macht, der nichts entgeht. Dieser prunkliebende und finstere Papst beobachtet uns, es scheint, als würde er immer noch unsere Kleidung und unsere unpassenden Manieren beurteilen.

Aber heute haben wir auch Trost nötig. Treten wir in

den kleinen Saal, in dem zwei Jugendwerke von Caravaggio ausgestellt sind: »Die Ruhe auf der Flucht nach Ägypten« und »Die büßende Magdalena«. Die beiden Gemälde hängen nebeneinander und haben mehr gemein, als wir auf den ersten Blick wahrnehmen. Auf der einen Seite ist es die Madonna, die, das Kind im Arm, schläft, müde nach dem langen Weg, während ein Engel mit einer Violine von einem Notenblatt abspielt, das Joseph in der Hand hält. Maria hält den Kopf im Schlaf gesenkt, die Augen geschlossen und die Haare aufgesteckt. Auf dem anderen Bild hingegen hat Magdalena eben ihrem ruchlosen Leben entsagt. Juwelen und Pomadentiegel liegen auf der Erde verstreut, und auch sie hält den Kopf gesenkt, die Haare aber sind gelöst. Die Jungfrau und die Hure, die Reinheit und die Sünde: und dabei ist es dieselbe Frau! Caravaggio, der nach der Natur malte, hat für beide Figuren ein und dasselbe Modell gewählt. Auf diese Weise sind Maria und Maria Magdalena gleich und verschieden wie zwei Tropfen Wasser, wie zwei Tränen.

Casal Bertone

Es gibt Gegenden in Rom, die sich in ihrer freundlichen Reserviertheit zurückzuziehen scheinen, als ob sie sich dadurch vor Eindringlingen und Topfguckern bewahren wollten, als wären sie es zufrieden, abseits zu bleiben, weg von der verrückten Menge. Einen solchen Eindruck macht mir zum Beispiel Casal Bertone. Gewiß, auch hier ist das Raumschiff eines großen Einkaufszentrums gelandet, und die alte Ruhe ist allmählich auch dahin, aber in den Straßen des Viertels atmet man immer noch Landluft. Auf dem zentralen Platz halten sich die Leute noch bis spätabends auf, um sich zu unterhalten und sich Kühlung zu verschaffen, die Kinder spielen ungestört, und die Alten erzählen die Geschichten aus einer vergangenen Zeit. Jedesmal, wenn ich an Casal Bertone vorbeikomme, bleibt mein Blick an der Fassade eines großen Mietshauses hängen, das 1929 errichtet wurde und jetzt zu Recht als künstlerisches Nationalerbe betrachtet wird. Nun, auf den Säulen beiderseits des Eingangsportals, genau oben an der Spitze, sind wie auf zwei scharfen Felszacken der Dolomiten die Figuren zweier Rehe aufgesetzt. Zwei Rehe in Rom: was treiben die da, wie sind sie hierhergelangt? Das weiß man nicht, aber die Überlieferung erzählt, daß die beiden anmutigen Kreaturen einst auch prächtige verästelte Geweihe trugen, daß es also zwei königliche Hirsche gewesen sind. Das große Gebäude wurde für die Eisenbahner errichtet, Männer, die Italien landauf, landab bereisten, selten oder nie zu Hause waren und dadurch wohl oder übel ihre Frauen ein wenig vernachlässigten. Und so wurde, um zu hänseln und zu sticheln, das Haus der Hirsche im Viertel in Haus der Gehörnten (Palazzo dei Cornuti) umbenannt. Dieser Titel konnte nicht lange ertragen werden, und deshalb stieg vor vielen Jahren einer der Eisenbahner eines Tages auf eine Leiter, kletterte bis zu den Hirschen und stutzte ihr beleidigendes Geweih, das heute, wie trockenes Geäst, unter irgendeiner Treppe lagert.

Tausende einfache und bedeutende Geschichten hat dieses Gebäude beherbergt, viele Menschen haben seine Höfe durchwandert, die heute durch blühende Oleanderbüsche verschönert sind. Eine Tafel erinnert an Virgilio Bianchini, 1944 von den Faschisten ermordet, auf einer anderen, unter einem Bild der Madonna, wird dem Himmel dafür gedankt, daß er die Gebäude vor dem Luftkrieg bewahrt hat. Das 20. Jahrhundert ist auch, schrecklich und leidenschaftlich, hierhergekommen, in den Palast der Rehe oder Hirsche, in dieser Ecke von Rom, wo das Leben echter erscheint.

Das Puppentheater auf dem Gianicolo

In einer Ecke des Piazzale auf dem Gianicolo ist für sechs Uhr abends die erste Aufführung angekündigt: vor dem kleinen Theater zappeln unruhig die Kinder, die Eltern setzen ein sehnsüchtiges Lächeln auf, und es scheint, als würden auch die Gefolgsleute Garibaldis, deren Büsten, unter den Bäumen verstreut, aufgestellt sind, dem Puppentheater den Blick zuwenden, um sich die lange Zeit des Ruhms und der Langeweile zu verkürzen. Selbst der Held der zwei Welten, hoch oben auf seinem riesengroßen Pferd und auf ewig zu stolz-finsterer Miene und unbändigem Mut verdammt, würde gerne einen Blick auf das werfen, was dort unten geschieht, absteigen, um ein wenig über die wechselnden Geschikke Pulcinellas und der anderen Puppen zu lachen. Seit vierundvierzig Jahren wiederholt Carlo Piantadosi seine Schauspiele für Große von sieben und Kleine von siebzig Jahren, indem er vor aller Augen seine neapolitanischen *guarattelle* vorführt. Im normalen Sprachgebrauch der Römer redet man immer noch von den Marionetten vom Pincio, weil dort die Karriere Piantadosis als Assistent von Vater und Onkel begonnen hat, aber es ist schon ewig her, seit das kleine Theater auf den Gianicolo übersiedelt ist, um dem Gesellschaft zu leisten, der zwanzig Minuten frische Luft und Ablenkung sucht. Zuerst muß man den Blick ein wenig über unsere Stadt schweifen lassen, über diese Jahrhunderte der Schönheit und des Schmerzes, um sich dann – ein wenig traumverloren, fast betäubt durch Gedanken ohne Form und ohne Worte – dem kleinen Puppentheater zuzuwenden. Pulcinella liebt die liebenswürdige Gabriella, flüchtet vor den Carabinieri, vor der Arbeit und vor dem Hunger, trifft den Teufel und den Tod, teilt laute Schläge mit dem Holzknüppel aus, immer die gleichen, weil der Kampf um das irdische Glück immer gleich bleibt. Die Kinder lachen wie verrückt, beben vor Aufregung, warnen Pulcinella vor den Gefahren, schmiegen sich an die Eltern und klatschen dann zufrieden Beifall.

Carlo Piantadosi hat ganze Generationen von Römern unterhalten, vielleicht ist er der erste, der uns beigebracht hat, daß das Leben kompliziert, aber komisch ist. War's nicht an der Zeit, dem zuzuschauen, der den Tod seit langer Zeit mit dem Holzknüppel verdrischt?

San Francesco di Paola

In seinem schwülstigen und überbordenden Stil hat Gabriele D'Annunzio es so formuliert: »O ihr großen Kirchen Roms, alle erfüllt von ruhigem orangefarbenem oder violettem Licht, so barock und so schön, ein großes Glück ist es, daß die Menschen meinen lyrischen Ratschlägen nicht zuhören werden und daß die wahren Gläubigen nur wenige sind, ansonsten würdet ihr euren größten Zauber verlieren, der in Wahrheit die Einsamkeit ist. In den Stunden der Siesta sind alle Kirchen verlassen und still wie die mystischen Höhlen im Schoße der Berge, bewohnt von Hirschen und von Eremiten. Die Marmorböden schimmern düster wie stehendes Wasser. In den Kapellen ist der Schatten tief und geheimnisvoll, da und dort von undeutlichem Glitzern unterbrochen.« Läßt man diese Worte abtropfen, dann bleibt die schöne Eingebung von den römischen Kirchen als Gebirgshöhlen, von einem Schatten ausgefüllt, der den Körper und das Herz erfrischt. Wenn der Himmel brennt und der Geist wankt, kann man in unserer Stadt immer in einer der vielen Höhlen aus dem 17. Jahrhundert Zuflucht suchen. Wenn man sich in der Gegend des Kolosseums befindet, biegt man in die Via Fagutela ein, eine kleine Straße, die an der Treppe endet, die bis zu San Pietro in Vincoli aufsteigt. Auf halbem Weg befindet sich die Kirche San Francesco di Paola, nur an Feiertagen geöffnet, von zehn bis zwölf Uhr Mittag. Treten Sie ein, setzen Sie sich und bewundern

Sie das Schauspiel an der Wand hinter dem Hauptaltar: das ist etwas, was jede Vorstellung übersteigt, ein barocker Taumel, der einem den Atem nimmt, wie Kindern im Zirkus. Ein Schwarm waghalsiger Engelakrobaten öffnet einen Bühnenvorhang, der Stuck der Vorhänge bauscht sich wie Seide unter den Patschhänden der Cherubim, es scheint, als würde er sich unter dem heftigen Wind ihrer Flügel bewegen. Hinter dem Vorhang befindet sich ein vergoldetes Tabernakel in Form eines Tempels, und weiter oben, zwischen Wolken aus Schlagsahne und überirdischen Strahlen, erscheint die beeindruckende Gestalt eines Gottes, der zugleich Regisseur ist, ein Künstler, der keine Kosten scheut, um sein Publikum staunen zu machen und zu erobern. Natürlich wurde im Zusammenhang mit diesem verblüffenden Meisterwerk der Name Berninis genannt, des größten Zauberkünstlers der Geschichte, der Urheber ist aber der viel bescheidenere Marcantonio De Rossi. Dieser Altar ist ein himmlischer Ventilator: er bläst so viel Frischluft herein, daß keine Hundstagehitze sie auszuschalten vermag.

Parco della Balduina

Die großen Städte bieten Leuten zwischen zehn und sechzig Jahren viel. Es gibt Theater und Kinos im Überfluß, Ausstellungen, Konzerte, Sportveranstaltungen, Kurse für Yoga und Kochen und Pantomime. Man braucht nur TROVAROMA aufzuschlagen, um festzustellen, was es alles für Möglichkeiten gibt. Manchmal kommt es uns sogar zuviel vor: mit dem Kugelschreiber kringeln wir hundert Abendveranstaltungen ein und ziehen uns dann, womöglich aus einem Gefühl der Unzulänglichkeit heraus gegenüber diesem riesigen Angebot, verzichtend in unser Gehäuse zurück.

Viel weniger gut ist es um Kinder und Alte bestellt: für sie wäre das Leben vermutlich viel leichter in einem kleinen Ort, wo sich alle kennen, wo es keinen Verkehr gibt, wo die Luft sauber ist und wo es keine wie immer gearteten Risiken gibt. Die Stadt neigt dazu, die Alten und die Kinder auszuschließen, fragile Menschen, die langsam gehen und in einer anderen Zeit leben, gleichgültig gegenüber den kulturellen Leckerbissen. Sie konsumieren wenig, sie möchten bloß spielen oder in aller Ruhe plaudern, einen schönen und kostenlosen Sonnentag genießen. Vielleicht bin ich deshalb angenehm berührt vor einem Schild stehengeblieben, das außerhalb des winzigen Parco della Balduina angebracht war: »Dieser Ort ist Kindern und Senioren vorbehalten.« Die Erwachsenen, es sei denn, sie wären verantwortlich fürs Kinderwagenschieben, müssen draußen bleiben.

Sollen sie doch ins Kino gehen, Einkäufe machen, sich anderswo vergnügen oder ärgern – dieses kleine grüne Dreieck ist nur für die bestimmt, die am Beginn oder am Ende stehen. Wir sind in der Via Clivio di Cinna, ein Name, der an irgendein parfümiertes Schaumbad denken läßt, und dabei ist es eine abgelegene und stille kleine Straße, direkt unterhalb der Kuppe des Monte Mario. Kurz vor ihrem Ende öffnet sich rechts ein Tor. Hinter diesem Tor befindet sich eines der vielen religiösen Institute Roms, ein eindrucksvolles Gebäude, umgeben von Zedern und Palmen, Rabatten und Bänken. Hier herrscht eine umgekehrte Apartheid: die Schwachen werden aufgenommen, die Starken ausgeschlossen. Es ist ein verwunschener Garten, voll Anmut und Melancholie, ein Garten Eden, den Großeltern und den Kindern von Adam und Eva vorbehalten, die viel zuviel mit ihrer Arbeit und ihren unendlich vielen Neurosen beschäftigt sind, um sich eine Ruhepause zu gönnen. Hier scheint die Zeit stillzustehen, wie eine Schaukel, die in perfektem Gleichgewicht zwischen Vergangenheit und Zukunft schwebt.

Santa Maria del Popolo

Ab und zu ist es richtig, Meisterwerke wiederaufzusuchen, so wie man einen Klassiker wiederliest, um von neuem seinen Worten zuzuhören, die zwar immer dieselben sind, aber wir haben uns in der Zwischenzeit ein wenig verändert, und vielleicht lernen wir ja irgend etwas dazu. Es gibt immer eine Überraschung, ein Detail, das wir noch nie bemerkt haben.

Deshalb rate ich Ihnen, eines Sonntags Santa Maria del Popolo zu besuchen: es ist eine Kirche, die allein schon ausreichen würde, ein Handbuch der Kunstgeschichte zu füllen. Da gibt es Werke von Raffael und Pinturicchio, Sebastiano del Piombo und Carracci und natürlich die beiden berühmten Wandbilder von Caravaggio, »Die Kreuzigung des heiligen Petrus« und »Die Bekehrung des Saulus«. Sie sind in den Halbschatten der Cerasi-Kapelle getaucht, und es bedarf einer kleinen Münze, um sich ein wenig Licht zu verschaffen: jeder Besucher hofft, daß es ein anderer tun wird, damit auch er die beleuchteten Bilder genießen kann. Mittlerweile versucht man an allem zu sparen, die Krise macht knikkerig. Und so, während wir in diesem Halbdunkel dahintreiben, fällt unser Blick plötzlich auf ein Grabmal. Es ist das Grab von Teresa Pelzer, »litteris et musicis sapientissima«, Frau eines Cerasi und 1852 mit siebenundzwanzig Jahren im Kindbett gestorben. Ein Basrelief zeigt sie ruhig hingestreckt, die Augen geschlossen und das Gesicht von besonderem Liebreiz: sie gleicht Dornröschen. Auf ihrer Brust liegt, in einen leichten Schleier gehüllt, ihr gerade geborenes Kind. Niemand kümmert sich um sie, die Touristen sind vollkommen von der Gewalt Caravaggios gefangengenommen, sie blättern in ihren Führern, geben leise Kommentare ab und ignorieren gänzlich dieses bescheidene Kunstwerk, ein rührendes klassizistisches Marmorgrabmal, von irgendeinem unbekannten akademischen Bildhauer gemeißelt. Und doch erscheint uns, zumindest dieses eine Mal, dieses Grab von betörender Schönheit, wir stellen uns das Leben dieser jungen Frau vor, ihre Liebe für die Dichtkunst und die Musik, die schwierige Schwangerschaft, die furchtbare Entbindung, ihren Tod und das Leben des Kindchens, das sie immer noch an sich drückt. Es ist ein wundervoller Liebesgesang, einzigartig in seiner Art, berührend wie ein Lebewohl. Wahrscheinlich zweitrangig als Kunstwerk, aber dazu imstande, ein Erschauern der Seele, einen Gedanken im Kopf auszulösen.

Via dei Volsci

Jedesmal, wenn ich durch die Via dei Volsci kam, durch den Teil, der vor dem Markt liegt, wunderte ich mich über ein paradoxes Ladenschild, die perfekte Verwirklichung jenes Zusammentreffens von Gegensätzen, über die sich Philosophen und Mystiker den Kopf zerbrochen haben. Das Schild verkündet folgendes: »Parfümerie und Messerwaren«. Was für ein Zusammenhang kann zwischen einem Kölnischwasser und einem sardischen Schlachtermesser bestehen, zwischen einem Deodorant für die Achselhöhlen und dem roten Schweizer Allzweckmesser? Und dennoch sind in den Schaukästen des kleinen Ladens poetisch Parfümflaschen und Messer ausgelegt, die einen neben den anderen, wie Bilder in einem Rebus der *Settimana Enigmistica.* Ich wollte es allein herausfinden, das Rätsel ohne Hilfe lösen, aber ich tappte im dunkeln. Ich phantasierte mir Geschichten über Leidenschaften, Treubrüche, leichte Frauen und tragische Messerstechereien zusammen ... Und so entschloß ich mich am Ende, das kleine Geschäft zu betreten und die Lösung zu erfragen. Der äußerst liebenswürdige Signor Pette, der das vom Vater ererbte Geschäft seit Jahrzehnten führt, hat das Geheimnis gelüftet: aus Sant'Elena Sannita, in der Provinz Isernia, sind während der ersten Jahre des vergangenen Jahrhunderts Hunderte Scherenschleifer nach Rom gekommen. Das ist die Spezialität eines Dorfes im Molise, und das geht doch tatsächlich so weit, daß sie dem Scherenschleifer auf dem größten Platz der Stadt ein prunkvolles Denkmal errichtet haben. Diese Scherenschleifer ließen unter den Fenstern ihre Rufe erschallen, und die Frauen kamen herunter, um die Schneiden ihrer Küchenmesser und die des guten Bestecks schleifen zu lassen. Sogar die Skalpelle des Poliklinikums wurden von diesen Handwerkern wieder scharf gemacht, die durch das Treten und Drehen des funkensprühenden Schleifsteins dem wieder Leben einschärften, was stumpf geworden war. Aber die wichtigsten Kunden waren Friseure und Barbiere, die immer schon Bedarf an gut schneidenden Scheren und Rasiermessern hatten. Das also ist der ausschlaggebende Punkt, an dem sich Schneiden und Parfüms treffen. Bald wurden die Scherenschleifer auch Lieferanten von Seifen, Schönheitscremes, Gesichtswasser und wohlriechendem Puder.

Das waren andere Zeiten, ein Italien, das die verteufelte Hast der Wegwerfgesellschaft nicht kannte. Scherenschleifer, Schirmmacher, Korbflechter sind heute nahezu verschwunden, und die Parfümerien sind inzwischen Tempel des Luxus. Und dieses kleine Geschäft ist eine letzte rührende Huldigung an die Phantasie dessen, der die Armut mit dem Messer zwischen den Zähnen und der Brillantine in den Haaren bekämpfte.

Sodom und Gomorrha im olympischen Dorf

Als sie starb, war meine Großmutter beinahe hundertzwei Jahre alt. Sie war Deutsche, lebte in der Nähe von Triest und hatte in ihrem Leben wirklich alles gesehen: den Ersten Weltkrieg, den Zerfall der österreichisch-ungarischen Monarchie, den Aufstieg des Faschismus, den Zweiten Weltkrieg, die Schrecken des Bürgerkriegs, die Jahre des Wiederaufbaus und die des Wirtschaftswunders. Sie wäre ein paarmal fast gestorben, hatte Hunger gelitten und sich gefürchtet, hatte zwei Ehemänner und ein paar Liebhaber gehabt, spielte Geige, trank, rauchte und fluchte hin und wieder. Nichts auf der Welt war ihr fremd, sie war eine sympathische Frau und ohne Vorurteile. Und natürlich kam sie oft nach Rom, uns zu besuchen, den Koffer immer voller Geschenke. Sie dilettierte auch als Malerin, und darum liebte sie die Meisterwerke, an denen unsere Stadt so reich ist. Bis ins hohe Alter wagte sie sich zu Fuß oder im Bus auf die Straßen Roms, immer neugierig, immer fasziniert von den tausend Überraschungen, die die Hauptstadt für ihre provinziellen, aber aufmerksamen Augen bereithielt. Ein Schauspiel aber gab es, das sie mehr als jedes andere beunruhigte und unwiderstehlich anzog. Und so sagte sie, gleichzeitig ängstlich und forsch, zu mir: »Marco, sei so gut, bring mich zu den Transsexuellen.« Es waren die Jahre, in denen das olympische Dorf als Schwesterstadt von Sodom und Gomorrha galt, bevor die Aushubarbeiten für das Auditorium und der Zorn der Anrainer diesen schillernden Sexmarkt vertrieben. Ich lud die Oma also in den Wagen und brachte sie zu diesen monströsen und verführerischen Wesen, diesen fleischgewordenen Denkmälern der Wollust. Sie unterhielt sich prächtig, zeigte mit dem Finger auf die strammen Hintern auf schwankenden Bleistiftabsätzen, wollte mit ihnen reden. »Nichts Menschliches ist mir fremd«, sagte Terenz, und das war auch das Motto meiner Großmutter. Ich habe an diese nächtlichen Ausflüge gedacht, als ich vergangene Nacht durch die Aqua Acetosa fuhr, wo, wenn auch in kleinerem Maßstab, der Zirkus der Trans wiedereröffnet wurde. Lange Autoschlangen vor federgeschmückten Königinnen, blendende und obszöne Darbietungen, Soubretten vom Mars, die aus dem Dunkel auftauchen, Begierde und Angst, Silikon und das Gefühl des Todes: auch in diesen nächtlichen Straßen pulsiert das Leben, verschafft sich Gehör wie ein verzweifelter Schrei nach Liebe. »Nie haben wir Ruhe, nie«, seufzte meine Großmutter.

Der Brunnen des Lastenträgers

Die Brunnen Roms sorgen dafür, daß wir mit einer nahezu göttlichen Welt in Verbindung bleiben, die Wasserstrahlen sprudeln aus Gebieten des heidnischen und christlichen Mythos hervor und rufen uns so in Erinnerung, daß das Wasser immer schon ein heiliges, urtümliches, wunderbares Element gewesen ist. Najaden und Tritone, Moses und Neptun, Flußgötter und geheimnisvolle Schildkröten beschützen dieses zugleich irdische und himmlische Gut, das wir heutzutage so gedankenlos verschwenden. Allein um uns die Zähne zu putzen oder um uns zu rasieren, verbrauchen wir Dutzende Liter, und zum Trinken begnügen wir uns nicht mehr mit dem einfachen römischen Wasser, das aus den Brunnen sprudelt oder aus dem Wasserhahn rinnt, sondern bestehen darauf, Wässer zu trinken, die heftig beworben werden, reichlich mit Kohlensäure versetzt oder unterhalb ferner Gletscher abgefüllt worden sind. Und dennoch, wenn im Sommer nach einem langen Marsch in der Sonne unsere Kehle staubtrocken ist, gibt es nichts Köstlicheres, als sich zu einem bescheidenen römischen Brunnen hinunterzubeugen. Wenn man seinen Durst stillen will, ist das römische Wasser unerreicht – kein Vergleich mit Longdrinks und gezuckerten Limonaden. Und es ist schön, sich zu dem Strahl hinunterzubeugen. Es geht gar nicht anders, aber es ist dennoch ein Zeichen von Demut. Einer der charmantesten Brunnen unserer Stadt ist der sogenannte Pozzo del Facchino, der sich in der Via Lata befindet, mit dem Rücken zum strengen Gebäude der Banca di Roma, wo man unter Flüssigkeit ganz etwas anderes versteht. Das Wasser des Brunnens fließt aus einem Marmorfaß, das ein einfacher, untersetzter Mann in den Armen hält; auf dem Kopf hat er eine Mütze, und er trägt ein gewöhnliches Arbeitshemd. Sein Gesicht ist zum Teil entstellt, Wandalen und der Zahn der Zeit haben ihm zugesetzt, dennoch ist diese Statue einst sogar Michelangelo zugesprochen worden. Ich weiß nicht, warum, aber dieses breite Gesicht erinnert mich ein wenig an das finster dreinblikkende, poetische Antlitz des alten Ungaretti. Und während ich trinke und mir Gesicht und Hände benetze, während ich mich von dem tosenden Strahl anspritzen lasse, fallen mir einige seiner wunderschönen Verse über das Wasser der Flüsse ein: »*Ma quelle occulte / mani / che m'intridono / mi regalano / la rara / felicità.* (Aber diese heimlichen / Hände / die mich kneten / schenken mir / die seltene Glückseligkeit).« Und beim Weggehen, tropfnaß und zufrieden, sage auch ich mir: »*Ho tirato su / le mie quattr'ossa / e me ne sono andato / come un acrobata / sull'acqua.* (Ich habe meine Gebeine / aufgehoben / und bin fortgegangen / wie ein Akrobat / auf dem Wasser).«

Villa Mirafiori

»Was wir sind, ist das Resultat unserer Gedanken: wir sind unsere Gedanken, wir bestehen aus unseren Gedanken.« So lautet ein buddhistischer Spruch, und hin und wieder haben wir den Eindruck, daß es genau so ist, daß unser hektisches Leben die Folge unserer wirren Gedanken ist. Aus diesem Grund empfiehlt es sich, untertags einen Augenblick innezuhalten, um den Aufruhr des Geistes und somit auch den des Lebens zu besänftigen. Dazu braucht man Orte, an denen dies möglich ist, Inseln des Schweigens, auf die man sich zurückziehen kann, und sei es auch nur für ein paar Minuten. Hervorragend geeignet dafür ist das kleine Café, das sich in der Villa Mirafiori an der Via Nomentana befindet. Seit mehr als zwanzig Jahren ist hier die philosophische Fakultät untergebracht. In der schönen, mit hellem Holz getäfelten Bibliothek beugen die Studenten die Köpfe über Bücher von Plato und Spinoza, Descartes und Hegel, und es hat den Anschein, als würden das aufmerksame Germurmel und die erhabenen Gedanken langsam aus den Büchern heraustreten und im Park, zwischen Bäumen und Brunnen, spazierengehen und ein ganz spezielles Klima schaffen. Während wir draußen auf der verstopften Nomentana Auspuffgase einatmen und, fast ohne es zu bemerken, unsere eigenen Spannungen und die anderer Leute in uns aufnehmen, ist es, als würden wir hier aufgrund des Grüns und der Philosophen Kraft und Gesundheit tanken. Und das kleine Café mit den vier Tischen und der Bougainvillea, die unseren Blick blau färbt, ist tatsächlich eine Oase des Friedens. Der Kaffee kostet neununddreißig Cent, ein Hörnchen fünfunddreißig: wir befinden uns in der Welt der Mäßigung und der Gerechtigkeit, in der ausgewogenen Welt der Philosophen. Wir haben nichts zu tun, eine halbe Stunde lang sitzen wir einfach an einem der Tischchen: vielleicht können wir auch ein wenig in dem mitgebrachten Buch blättern, ein paar Zeilen lesen und zulassen, daß sich unser Geist endlich einfachen Gedanken hingibt. Von hier aus gesehen erscheint uns unser Leben wie ein unverständlicher Kampf, geschürt von den nervösen Ladungen, die uns Tag für Tag durchzucken. Wenn wir anders dächten, wären wir anders, denn der buddhistischen Weisheit zufolge bringt der Geist die Welt hervor. Wer in diesem heiligen Philosophencafé innehält und einen seligen Seelenimbiß zu sich nimmt, geht geläutert davon. Kaum treten wir aus dem Park hinaus, zeigt uns ein aufgebrachter Autofahrer den Vogel, aber wir lächeln gleichmütig zurück.

Portiers

Sie haben beinahe immer ungebräuchliche Namen, Adalgiso, Biagio, Rolando, und sind von unbestimmtem Alter, das sich nur langsam verändert: es sind die Portiers der römischen Häuser, und inzwischen sind sie am Aussterben. In Prati, in Trieste oder in Parioli sieht man noch den einen oder anderen, aber es ist sonnenklar, daß ihr Schicksal besiegelt ist. In allen Eigentümerversammlungen kämpft man darum, die Ausgaben zu senken, und ein Portier kostet ganz bestimmt mehr als eine Sprechanlage. Das ist schade, weil wir diese Männer liebgewonnen hatten, die vor vielen Jahren aus Umbrien oder den Marken hergekommen waren, um die Seele und das Gedächtnis Tausender Häuser zu werden. Sie kannten jede Wohnung und jeden Keller, die Gewohnheiten und die Ticks jedes Bewohners. Einsilbige Männer, beobachteten und verstanden sie die menschliche Natur besser als viele prahlerische Professoren. Aus ihrer melancholischen Portierloge sahen sie die Jahre und die Schicksale der Hausbewohner vorüberziehen. Sie wußten, daß die Signora aus dem vierten Stock einen Geliebten hatte, daß der Ingenieur aus dem zweiten trank, daß der Sohn der Leute aus der Dachwohnung noch keine einzige Prüfung abgelegt hatte. Die Portiers sammelten schmerzliche Beichten und schwiegen, getreu dem Berufsgeheimnis. Mit einem Schraubenzieher und einer Zange waren sie imstande, jeglichen Schaden zu beheben, den zusammengebrochenen Rolladen, den tropfenden Wasserhahn, den erblindeten Fernsehapparat. Alles neigt dazu, kaputtzugehen, aber der Portier war die heilende Hand, die für eine Weile die Dinge richtete, vor dem endgültigen Ruin. Und dann führten sie den Cocker der alten Dame Gassi, brachten Tonnen von Einkäufen über die stets sauberen Treppen hoch, wuschen die Autos in der Garage, gossen Hunderte von Blumentöpfen während der Ferien. Sie waren die Einheit in der Vielfalt, der Zusammenhalt der unendlich vielen Unterschiede. In den großen Häusern kommt es leicht zu Haßgefühlen unter den Bewohnern, aber alle Spannungen lösten sich dank der angeborenen Diplomatie des Portiers, der murmelte: »So etwas kann eben passieren, kein Grund, sich aufzuregen.« Dieses Männchen konnte stundenlang unbeweglich in seiner Portierloge sitzen, an weiß der Teufel was denken, an das Unendliche, an das Elend der Menschenwesen oder an ein Loch in der Auffahrt der Garage. Heute verschwinden die Portiers, und ohne sie erscheinen die Häuser anonymer, die Leute einsamer und gestreßter: »Ah, als es den Biagio gab«, erinnert sich irgend jemand, »da war die Welt noch in Ordnung.«

Santa Maria di Montesanto

Wenn es in einer Volksbefragung darum ginge, den schönsten Platz zu wählen, würde ich die Piazza del Popolo wählen, mit einem Funken Bedauern für die anderen hundert wunderbaren Plätze unserer Stadt. Es ist überflüssig, all die Aspekte aufzuzählen, die aus diesem Platz einen einzigartigen Ort auf der Welt machen: es genügt, an das wundersame Gleichgewicht aus Stein, Himmel und Grün zu erinnern. Und da gibt es Santa Maria del Popolo mit ihren unendlich vielen Meisterwerken und die beiden Zwillingskirchen an der Einfahrt in die Via del Corso, die in Wirklichkeit keine richtigen Zwillinge sind. Die rechts, Santa Maria dei Miracoli, hat einen runden Grundriß, die links, Santa Maria di Montesanto, einen elliptischen. An beiden haben in der zweiten Hälfte des 17. Jahrhunderts große Architekten wie Rainaldi und Bernini gearbeitet. Im übrigen ist die Piazza del Popolo für die Künstler immer ein gastfreundlicher Ort gewesen. Fellini verbrachte die Tage im Café Canova, Schifano und Pascali und viele andere hielten sich im Rosati auf. Und viele Künstler, sehr berühmte und weniger berühmte, verabschieden sich von den Freunden und der Welt, bevor sie sich für immer in die elysäischen Gefilde oder ins Paradies oder ins Nichts verziehen, in der Kirche Santa Maria di Montesanto. Hier wird zumeist das Begräbnis dessen zelebriert, der der Stadt seine Phantasie dargebracht hat, dessen, der andere Welten und andere Wahrheiten gesucht hat. Es ist eine Öse, die geduldig darauf wartet, daß der Faden eines Lebens sich zur Gänze abspult: aus Seide oder aus Draht, aus Bindfaden oder aus Rauch, früher oder später wird der Faden durch diese Pforte laufen, und ringsumher werden die Weggefährten und viele Menschen sein, die an diesem Tag von überall her zusammengekommen sind, um ihre Zuneigung und Dankbarkeit zu bezeigen. Ich glaube, nur in Rom gibt es eine Kirche, die für Künstler bestimmt ist, die sich bekanntlich um keine Liturgie scheren, dafür aber am Ende fast nie beim letzten Stelldichein mit der Stadt fehlen. Die Leute auf dem Platz klatschen Beifall, während die Leichenträger den Sarg auf ihr düsteres Gefährt laden. Sie alle möchten dem, der in der Unordnung des Lebens, aber in der Vollkommenheit der Kunst gelebt hat und der, sei er Regisseur, Maler oder Dichter, unserer konfusen Welt etwas Schönheit und Sinn hinzugefügt hat, zeigen, wie dankbar sie sind. Sie verlassen Santa Maria di Montesanto, die Künstler, und gehen anderswohin, wer weiß, vielleicht in ein Café im blauen Himmel des Pincio.

Palazzo dei Pupazzi

Palazzo Colonna, Palazzo Barberini, Palazzo Ruspoli, Palazzo Lancellotti, Palazzo Farnese und viele andere illustre Paläste füllen unsere Stadt mit ihrer Schönheit und ihren Geschichten über Intrigen, Verschwörungen und Erbfolgestreitigkeiten. In diesen prachtvollen Gebäuden hat man sich vergnügt und noch mehr Ränke gesponnen. Sie machen einen geradezu befangen, so quellen sie über vor Meisterwerken und unlösbaren Geheimnissen. Sie zu besuchen ist oft unmöglich, wir können sie nur von der Straße aus bewundern und uns die Zimmerfluchten vorstellen, die Großartigkeit der Empfangssäle, das düstere Leben derer, die von hier aus Jahrhunderte hindurch das Los der Päpste und der Stadt entschieden haben. Der römische Adel war immer eine Mischung aus Hochmut und Eitelkeit, aus Mäzenatentum und Ignoranz, und seine kostbaren Paläste sind Schreine, die kein Niedriggeborener aufzusprengen vermag. Aber unter den vielen Palästen des Zentrums gibt es einen, in der Via dei Banchi Vecchi, der umgänglicher scheint, der will und nicht kann und die Vorbeigehenden fast zum Lachen bringt, wie ein kleiner Hofnarr.

Wir wissen ja, wie wir Römer sind: wir reduzieren gern eine Rede auf einen einzigen Satz, fassen einen schwierigen Charakter in einem Spitznamen zusammen. Also, dieser kleine Palast aus dem 16. Jahrhundert, heute geschwärzt und vom Smog zerfressen, zeichnet sich durch zuviel Zierat aus: da gibt es Löwenköpfe,

Amoretten mit flatternden Umhängen, monströse Masken, Torsi und Helme und Schilde von Kriegern, Girlanden und Füllhörner voller Früchte und im obersten Stockwerk Basreliefs, die unbekannte Geschichten aus dem Altertum erzählen. Es ist ein sympathisches Sammelsurium aus disparatem Allerlei, dazu da, einer schmalen Fassade Vornehmheit zu verleihen. Und tatsächlich, seit jeher wurde er spöttisch der Palast der Pupazzi, der Hampelmänner, genannt! Er wirkt wie das kleine Marionettentheater neben der Oper und dem Schauspielhaus, ein Eindringling, der sich Respekt verschaffen will, ein Winzling, der singt und schreit. Und ich muß anerkennen, daß ihm das perfekt gelingt. Sein Name verleiht ihm eine Spur fröhlicher Tollheit, die ihn uns lieb macht. Im Parterre befindet sich eine der ältesten Apotheken der Stadt, die gerade deshalb hier zu sein scheint, um den starken Kopfschmerz zu lindern, der auf ihrem Haupt lastet. »Was ist los, hab ich kleine Hampelmänner im Gesicht?« sagt der Römer, wenn jemand über ihn lacht und er nicht weiß, weshalb. Und vielleicht würde das auch dieser Palast sagen, wenn er sprechen könnte.

Nemi

Tage, in denen die Schwüle unerträglich ist, vor allem für die, die den Sommer in der Stadt verbringen. Die Hitze läßt die Gedanken und die Brunnen rund um Rom versiegen: Das Wasser tröpfelt so spärlich aus dem Hahn wie unsere Ideen, und alles scheint von einer Schicht glühenden Sands überzogen. Wir bleiben den ganzen Tag auf dem Sofa liegen, nippen an einer Flasche lauwarmen Wassers und hoffen, daß der Abend etwas Abkühlung bringt. Aber auch am Abend ist es heiß wie in einem Backofen. Ich empfehle daher, das Auto oder noch besser das Moped zu nehmen, die Stadt für ein paar Stunden zu verlassen und zu den Castelli Romani hinauszufahren. Zuerst über die Appia Nuova, am Flughafen Campino vorbei, von dem beneidenswerte Glückspilze gerade abfliegen, und dann nach links, über die Via dei Laghi, eine der schönsten Straßen Italiens. Bei jeder Kurve wird die Luft kühler, prickelt vor Sauerstoff, und allmählich gibt auch das Gehirn wieder Lebenszeichen von sich. Man kann in Marino oder in Castel Gandolfo halten, nach Frascati oder Grottaferrata abbiegen, aber ich würde weiterfahren, weiter hinauf in die Berge. Die Kastanienwälder speichern herbstliche Schatten, und je weiter man fährt, desto mehr bedauert man geradezu freudig, keinen Baumwollpullover mitgenommen zu haben. Die Hitze ist weit weg, Rom glüht zwanzig Kilometer hinter uns. Endlich erreichen wir die Abzweigung nach Nemi: das ist unser Ziel. Dieses kleine Dorf, das hoch oben über einem tiefen und geheimnisvollen See liegt, hat schon illustre Reisende angelockt, Persönlichkeiten wie Goethe, Byron und Turner, letzterer hat es in den leuchtendsten Farben gemalt. Und Frazer hat sich lange mit dem Mythos vom goldenen Zweig beschäftigt, der Legende vom Priester des Dianatempels, der den Wald und den See und diese vollkommene Mulde im Geiste zusammenhielt und an dessen Stelle nur einer treten durfte: sein Mörder. Wir können in einem Café Platz nehmen, die kühle Luft und einen Becher köstlicher Erdbeeren mit Schlagsahne genießen. Wir können uns auf eine Bank fallen lassen, um wieder zu Kräften zu kommen. Aber bevor wir wieder losfahren, müssen wir unbedingt den Kopf unter den mächtigen Strahl des Brunnens halten, aus dem das beste Wasser der Region sprudelt, viel besser als das, das abgefüllt und teuer verkauft wird. Und vielleicht nehmen wir ein paar Flaschen davon mit nach Rom, um die glühende Hitze und die geistige Erschöpfung der nächsten Tage besser zu überstehen.

Hotel Plaza

Wir befinden uns auf der Via del Corso, wie Korken treiben wir im anschwellenden Strom der Menge. Die jungen Männer aus den Wohnvierteln am Stadtrand machen die gleichaltrigen Mädchen an, die kokett lächeln, beinahe geschmeichelt von den unverschämten Annäherungsversuchen. Aus den Läden dröhnt Musik, und die Waren in den Auslagen wollen unbedingt gekauft und in einer schönen bunten Tüte davongetragen werden. Hin und wieder macht es durchaus Spaß, im Chaos unterzugehen, sich von dieser Schlange, die weder Kopf noch Schwanz besitzt und sich zwischen Piazza del Popolo und Piazza Venezia hin- und herwälzt, mitreißen zu lassen. Wir denken an gar nichts, sind nur noch ein Teil der schreienden, rempelnden, glotzenden Menge, die uns umgibt und das Individuum auslöscht. Doch verspüren wir ab und zu den Wunsch, uns an einen menschenleeren Ort zurückzuziehen, den Lärm gegen eine Minute Ruhe einzutauschen. Und es hindert uns auch nichts daran, unser geheimes Versteck ist nur einen Steinwurf entfernt. Wir brauchen nur das Hotel Plaza zu betreten, eines der ältesten Hotels der Stadt, das sich direkt an der Via del Corso befindet. Ursprünglich glaubten wir, daß Luxushotels dieser Art ausschließlich steinreichen Touristen vorbehalten sind, Scheichs, Maharadschas, Ölmilliardären, Schauspielern, Bankiers, die von weit her kommen und ganze Wagenladungen an Gepäck hinter sich her schleppen: tatsächlich darf jedoch jeder hinein und einen Kaffee oder einen Aperitif trinken. Natürlich ist es ein wenig teurer als in der kleinen Bar zu Hause gleich um die Ecke, aber es lohnt sich. Der Blick des livrierten Portiers und des Fräuleins an der Rezeption, die fünf Sprachen spricht, verfolgt uns, aber wir lassen uns davon nicht beirren, wir gehen einfach weiter. Es erwartet uns ein traumhafter Salon aus dem Ende des 19. Jahrhunderts, wir fühlen uns wie auf dem Set eines Films von Visconti oder in einem Kapitel aus D'Annunzios *Lust*: Jugendstilfenster, die Decke, von der zwei riesengroße Lüster hängen, ist mit Intarsien und Fresken geschmückt, außerdem gibt es hier Vasen, Statuen, Gemälde, Spiegel, Säulen, Teppiche, Stille. Uns ist danach, Tee in erlesenen Porzellantassen zu bestellen, eine junge russische Gräfin anzusprechen, eine Zeitung zur Hand zu nehmen und das Neueste über die Reise der *Titanic* zu lesen. Wir sind in einer anderen Zeit gelandet, wir befinden uns außerhalb der Zeit. Einen Atemzug später sind wir wieder draußen, in der rempelnden, schwitzenden Menge, in der Gegenwart.

Palazzo Colonna

Wenn etwas Schönes sich verbirgt, steigt es im Wert. Wenn es sich jedoch allzusehr verbirgt, läuft es Gefahr, vergessen zu werden, denn wir Menschen sind faul, zerstreut und unbeständig. Wir haben keine Lust, jemandem den Hof zu machen, dessen Fenster immer geschlossen sind. Und so besteht die Gefahr, daß die Römer einen wunderbaren Ort aus dem Blick und aus dem Herzen verlieren, die Galerie im Palazzo Colonna, die sich in übertriebener Zurückhaltung übt, sich in aristokratischem Hochmut verschließt. Die Galerie ist nur wenige Stunden in der Woche geöffnet, samstags von neun bis zwölf, und wer zu spät kommt, dem wird das Tor, das sich an der Via della Pilotta befindet, unbarmherzig vor der Nase zugeknallt. Man muß auf die Minute pünktlich sein, sich den Termin im Kalender vormerken und rechtzeitig von zu Hause aufbrechen. Eine Eintrittskarte für sieben Euro, eine schmale Treppe, eine Kurve, und auf einmal stehen wir plötzlich in einem vierzig Meter langen und zehn Meter breiten Saal, der schlichtweg der Inbegriff von Luxus ist. Wir fühlen uns wie Aschenputtel im Palast des Prinzen, sind völlig überwältigt von dem großartigen Anblick: mehrfarbiger Marmor, bemalte Spiegel, Gold und Alabaster, Lisenen, Rüstungen, Statuen und Bilder, Bilder und noch einmal Bilder, die ganz achtlos aufgehängt sind – man hat ja genügend davon. In diesem Saal lustwandelten die Colonna mit ihren Freunden, ohne die einzelnen

Werke genauer zu betrachten, denn die waren für sie einfach Mosaikstücke, aus denen sich das feierliche und harmonische Ganze zusammensetzte. »Für sie war das einfach eine schöne Tapete, nicht mehr und nicht weniger«, erklärt uns der sympathische Kustode. Werke von Guido Reni, Veronese, Tintoretto, Bronzino, Giambologna hängen hier; andere, noch bedeutendere, wurden von den Colonna verkauft, als sie 1798 während der Römischen Republik den Papst finanziell unterstützten. Pracht, Luxus, Opulenz: doch das berühmteste Bild der Galleria Colonna, »Der Bohnenesser« von Annibale Carraci, ein brutal realistisches Bild, auf dem ein Mann aus dem Volk zu sehen ist, der in einem Gasthaus seinen Hunger stillt, wirkt wie ein merkwürdiger Fremdkörper. Als wäre er hier gelandet, um den noblen Herrn die Unbilden des Lebens, die Armut und den Geschmack einer bescheidenen Mahlzeit in Erinnerung zu rufen. Er ist ein Vorfahre von van Goghs »Kartoffelessern« und vielleicht auch des Großväterchens mit Pfeife, das in vielen volkstümlichen Gasthäusern hängt.

Kloster Trinità dei Monti

Rom hält tatsächlich immer wieder Überraschungen bereit, selbst für die, die hier seit jeher wohnen. Erst vor einigen Tagen habe ich zum Beispiel eines der außergewöhnlichsten Bilder in meinem ganzen Leben gesehen, man steht mit offenem Mund davor, bis man sich fast den Kiefer ausgerenkt hat. Das sind die Koordinaten: das Kloster Trinità dei Monti, nur dienstags und samstags, nur um elf Uhr vormittags. Begeben Sie sich vertrauensvoll hin, zahlen Sie fünf Euro Eintritt und warten Sie, bis eine Schwester, die so langsam ist wie eine Schnecke, aus dem oberen Stockwerk herunterkommt und Sie ins Reich des Unglaublichen führt. Diese wackere Frau wird Ihnen eine Anamorphose zeigen, die Mitte des 17. Jahrhunderts von Pater Maignan und Pater Niceron geschaffen wurde, zwei Ordensbrüdern, die in Kunst und Mathematik, in Malerei und Astronomie beschlagen waren, zwei Köpfen, die groß genug waren, um die Geheimnisse der Theologie und der Wissenschaft zu bewahren. Sie werden sich fragen: Was um Himmels willen ist eine Anamorphose? Das werden Sie herausfinden, wenn Sie der Schnecke folgen, die Sie Schritt für Schritt über einen langen Korridor führt, an dessen Wänden sich schwarzweiße Fresken befinden. Auf den ersten Blick eine Landschaft aus Meer und Land: genauer gesagt die Landenge von Messina, wo ein kleiner Eremit über das Wasser geht wie Jesus. Man sieht die Städte an der Landenge und die Berge dahinter, die Straßen, die Spaziergänger, die Wälder, die Felder. Mit einem Wort, eine detailgetreue und anspruchslose Ansicht, die ein nautisches Wunder birgt. Aber davon später. Anmutig, aber entschieden schubst uns die Schwester ans Ende des Korridors und fordert uns auf, uns ganz schnell umzudrehen. Und aus dem schrägen Blickwinkel stellt sich das Fresko plötzlich ganz anders dar, sowohl was die Form als auch was den Inhalt anbelangt. Die Städte, die Gassen und die Spaziergänger, die Wälder und die Felder sind verschwunden, statt dessen erblicken wir das Porträt eines bärtigen Mannes, jenes San Francesco da Paola, der dem französischen König Ludwig XI. dabei half, in Frieden zu sterben, und der als Dank dafür von dessen Sohn Karl VIII. die Erlaubnis erhielt, dieses Kloster zu errichten. Er ist eine optische Täuschung, ein künstlerischer und mathematischer Taschenspielertrick, ein fulminantes Zerrbild. Aus unserem nunmehrigen Blickwinkel konvergieren die Linien und setzen sich zu einem Gesicht mit durchdringendem Blick und Kapuze zusammen. Genau das ist eine Anamorphose, die raffinierte Verzerrung der klassischen Perspektive. Das, was in einem bestimmten Licht erschienen ist, ist plötzlich ganz anders, jegliche Gewißheit gerät ins Wanken, und die fromme Schwester lächelt in sich hinein.

Ai Santissimi Apostoli

Bald wird der Sommer kommen, die Temperatur wird steigen, und wir werden den Wunsch verspüren, uns für ein paar Minuten in den Schatten einer Kirche zurückzuziehen, um wieder zu Atem zu kommen und um einen Blick in die Seitenkapellen zu werfen, in der Hoffnung, dort etwas Überraschendes zu entdecken. Zumeist sind es düstere, schlechtbeleuchtete Gemälde mit Darstellungen schrecklicher Märtyrer- und Heiligenlegenden, deren Bildsprache schwer zu verstehen ist und die nicht gerade fröhlich stimmen. Die römisch-katholische Bildertradition fühlte sich immer schon angezogen und zugleich abgestoßen vom rasch vergehenden Leben, unbeständig wie ein Windstoß, und vom Tod, der jede Hand zum Erlöschen bringt. Manche Grabdenkmäler sind jedoch derart imposante Monumente der Trauer, daß man überwältigt wird von der Darstellung von soviel Endgültigkeit. Am liebsten würden wir davonlaufen und uns augenblicklich ins geliebte Chaos des Lebens stürzen, statt dessen bleiben wir reglos stehen und lassen diese wohlformulierte Mahnung auf uns wirken. In der Kirche Ai Santissimi Apostoli gibt es zum Beispiel ein wenig bekanntes Meisterwerk von Antonio Canova, das man unbedingt sehen sollte, weil es uns Schauer den Rücken hinunterjagt und die Gedanken frösteln macht: es handelt sich um das Grabmal Klemens' XIV., an dem der Künstler von 1783 bis 1787 gearbeitet hat. Canovas klassizistische Perfektion, die formale Eleganz des Künstlers, der jedes Geheimnis der Bildhauerei kennt und weiß, wie er die Leidenschaften im Marmor zum Gefrieren bringt, der Kult der geglätteten Schönheit, in der jede Regung und jegliche Wärme getilgt sind, wird für gewöhnlich genausosehr gepriesen wie kritisiert. Auch hier haben wir es mit zwei makellosen Frauengestalten zu tun, einer traurigen und bescheidenen »Mäßigkeit« und einer »Demut« mit gesenktem Haupt, die uns aufzufordern scheinen, den Tod gefaßt hinzunehmen, ohne allzu großes Theater zu machen. Die Statue von Klemens XIV. auf dem Sarkophag weigert sich jedoch, gelassen zu sein. Der Papst sitzt auf seinem Thron und streckt uns verzweifelt einen Arm entgegen, womit er gegen alle Gesetze der Harmonie und der Geometrie verstößt, eine geöffnete Hand mit krummen Fingern: eine vielleicht gebieterische Geste, aber vor allem eine erschreckende Geste. Auch der Papst scheint zum Tod zu sagen: Geh weg von mir, von uns, quäl mich nicht, laß uns in Ruhe leben, unterbrich uns nicht. Sogar der Papst hat Angst vor dem Schnitter und vor dem Jenseits. Wie wir auch, aber zu unserem Glück ist dort die Tür, und draußen auf der Straße warten das Diesseits und der Sommer auf uns.

Tufello

Um den geschniegelten Typen von Tecnocasa und Gabetti zuvorzukommen und früher als die anderen herauszufinden, welche Stadtviertel demnächst aufgewertet werden, welche Gegenden, für die sich zur Zeit noch niemand interessiert, die aber schön und faszinierend sind und nur darauf warten, von Leuten wiederentdeckt zu werden, die Wohnung und Flair, Quadratmeter und Menschlichkeit suchen – mit einem Wort, um den Trendsettern zuvorzukommen, braucht man einen geübten Blick und viel Gespür, und man muß frei von Vorurteilen sein. Auf welche Viertel soll man also setzen, nach San Lorenzo und Garbatella, Testaccio und Pigneto – Wohngegenden, in denen die Preise in astronomische Höhen geschnellt sind? Meiner Meinung nach wird Tufello bald sehr »in« sein. Ich weiß, allein der Name reicht aus, um alle, die in den sechziger oder siebziger Jahren aufgewachsen sind, in Angst und Schrecken zu versetzen: Tufello befand sich damals jenseits der Herkulessäulen der Zivilisation, es war eine Sperrzone, von der man so gut wie nichts wußte, die aber angeblich von primitiven und vielleicht auch gefährlichen Menschen bewohnt wurde. Von Zyklopen, Straßenräubern, Vampiren, Rowdys, Ogern. In der Phantasie des ängstlichen römischen Bürgers war »er Tufello« eine Art Pirateninsel. Ich erinnere mich, daß Giancarlo Oddo, Lazios Mittelverteidiger bei der ersten Meisterschaft, aus Tufello kam: Die gegnerischen Mittelstürmer schlotterten von Anfang an so sehr vor Angst, daß sie gar nicht an den Ball herankamen. Tufello wurde in den dreißiger Jahren erbaut und nahm viele Italiener auf, die aufgrund des Kriegs gezwungen waren, das feindliche Frankreich zu verlassen. Deshalb wurde es auch das »französische Viertel« genannt – aber natürlich erinnert es mehr an die Sackgassen in Marseille als an die Pariser Boulevards. Ich halte es dennoch für ein wunderbares Viertel, in dem sich dörfliche Charakteristika erhalten haben. In den Bars spielen alte Männer Karten und trinken einen Halben, in den Höfen können die Kinder ruhig spielen, und auf dem Markt wird zu besten Preisen das beste Obst und das beste Gemüse von ganz Rom verkauft. Die neuen Wohnsilos an der nahen Val Melaina sind schon wieder eine ganz andere Geschichte, hier beginnt die anonyme und gleichgültige Großstadt. Ich bin mir sicher, bald werden Grafiker und Maler, Schauspieler und Lebenskünstler hierherziehen, kleine Lokale und Restaurants werden eröffnet werden, und viele werden davon träumen, in Tufello zu wohnen. Wir aber kommen fürs erste einmal nur her, um ein Kilo Äpfel und zwei schöne Salatköpfe zu kaufen und um in diesem letzten malerischen Refugium einen Kaffee zu trinken.

Der Stuhl des Teufels

Diesen Sonntag gehen wir bei unserem Spaziergang von einem nicht allzu gebräuchlichen, andererseits aber auch nicht allzu seltenen Wort aus: Oxymoron. Dem Wörterbuch zufolge ist das Oxymoron »eine rhetorische Figur, die sich aus der Zusammenstellung zweier sich widersprechender Begriffe ergibt«. Nennen wir zum besseren Verständnis ein paar Beispiele: alter Knabe, bittersüß, beredtes Schweigen oder auch *festina lente*, ein lateinischer Ausdruck, der soviel bedeutet wie »Eile mit Weile«. Im übrigen besteht für viele philosophische Richtungen die höchste Ebene der Erkenntnis eben darin, die Einheit der Gegensätze zu begreifen: was der Logik zufolge getrennt scheint – weiß und schwarz, Himmel und Erde, ich und die Welt – erweist sich als in einem unauflösbaren Begriff vereint. Wir haben es mit dem Prinzip des Nichtdualismus zu tun: »Das, was der kleine Geist trennt, fügt der große zusammen«, heißt es im Tao-te-king. Und mit diesen vagen theoretischen Voraussetzungen begeben wir uns ins afrikanische Viertel, zur Piazza Elvio Callisto. Der häßliche kleine, von Wohnhäusern aus den fünfziger Jahren beherrschte Platz wird jedoch von niemandem so genannt, sondern heißt ganz einfach »Der Stuhl des Teufels«, und dieser Name steht in verblichenen Lettern auch auf einer Hauswand. Die unheimliche Bezeichnung rührt von einem Denkmal her, das sich mitten auf dem Platz befindet, einer römischen Ruine, die aussieht wie ein riesiger hohler Zahn. In der Dunkelheit ist das verfallene Relikt tatsächlich etwas unheimlich, und selbst wenn Beelzebub nicht seinen müden Hintern darauf plaziert, ist es kein fröhlicher Anblick. Zu Weihnachten wird diese düstere Höhle jedoch von einem zarten Licht erhellt. Die teuflische Grotte verwandelt sich in den Stall von Bethlehem und wird plötzlich von sämtlichen Krippenfiguren bevölkert, vom Jesuskind, von Maria und Joseph, dem Ochsen und dem Esel, den Hirten und den Schafen. Drei Engel hängen an einem Faden von der Decke, und auch die Heiligen Drei Könige sind schon da, mit ihren Kamelen und ihren kostbaren Gaben, obwohl sie eindeutig zu früh dran sind. Der Ort, wo man es am wenigsten erwartet hätte, der Stuhl des Teufels, beherbergt eine wunderschöne Krippe. Wir haben es mit einem wahren Oxymoron zu tun, Licht und Dunkel vermischen sich, und wie es so oft bei den Menschen der Fall ist, gehen neues Leben und die alten Sünden Hand in Hand.

Anmerkungen

15 Coppedè-Viertel: benannt nach dem berühmten römischen Jugendstilarchitekten Gino Coppedè (1886-1927).

16 Politoys: 1955 gegründete Firma, die u. a. Modellautos nach berühmten Formel-1-Wagen (z. B. Carrera) und Autorennbahnen im Maßstab 1:25 herstellte. Diese Modellautos sind heute begehrte Sammelobjekte.

»Fenster gleich neben dem blauen Himmel«: aus einem Lied von Gino Paoli, einem der bekanntesten italienischen Liedermacher der Nachkriegszeit.

23 *Metropolis:* einer der berühmtesten Filme der Filmgeschichte von Fritz Lang (1927); in den Hauptrollen Gustav Fröhlich, Brigitte Helm, Fritz Rasp und Heinrich George. – Antonio Sant'Elia (1888-1916), bedeutendster Vertreter der futuristischen Architektur.

24 rosa und himmelblaue Schleifen: In Italien ist es auch heute noch üblich, nach der Geburt eines Kindes Schleifen an der Haus- oder Wohnungstür anzubringen – rosa für Mädchen und blau für Jungen. – *Una giornata particolare:* Film von Ettore Scola (1977); in den Hauptrollen Sophia Loren und Marcello Mastroianni.

32 Expantanella: großer Industriekomplex, wenige Meter von der Porta Maggiore entfernt, ehemals eine berühmte Brotfabrik. Der zentrale Bau (1929) geht auf ein Projekt von Pietro Aschieri zurück. 1970 dem langsamen Verfall überlassen, wurde die riesige Anlage jahrelang zum Notquartier für Tausende Immigranten. Neuerdings gibt es ein Projekt, wonach der architektonisch besonders interessante Komplex restauriert und wiederbelebt werden soll.

35 »Wir hatten fürs Jenseits ...«: Beginn des Gedichts »Xenien I,4« von Eugenio Montale (1896-1981) aus dem Gedichtband *Satura* (1971, deutsch München 1976, zitiert nach der Übersetzung von Michael Marschall von Bieberstein).

47 Totò: eigentlich Antonio de Curtis (1898-1967), italienischer

Schauspieler, arbeitete u. a. mit Pasolini. – Alberto Sordi (1919-2003): italienischer Schauspieler und Regisseur, bekannt geworden durch Hauptrollen in Filmen von Fellini. – Aldo Fabrizi (1905-1990): italienischer Schauspieler und Regisseur, bekannt geworden durch seine Rolle in Rossellinis *Rom, offene Stadt* (1945).

49 Scudetto: eigentlich »kleiner Schild«, Plakette in den italienischen Nationalfarben, die der Meister in der Folgesaison auf dem Trikot tragen darf.

Club Roma und Club Lazio: AS Roma und FC Lazio, die führenden Fußballclubs Roms, seit jeher innig miteinander verfeindet. (Marco Lodoli übrigens ist Fan von FC Lazio.) – Falcao, Conti, Mancini, Nesta, Capello, Batistuta: Fußballer dieser Clubs. – Erickson: ehemaliger Trainer von FC Lazio.

50 Burschi Totti: vergötterter Star des AS Roma.

54 spuntature: in der römischen Küche Schweinsrippchen.

55 »sprechende Statue«: Mastro Pasquino, neben dem Abate Luigi, dem Marforio oder dem Babbuino die berühmteste unter den »sprechenden Statuen« Roms. Im 16. Jahrhundert begann man Epigramme und Gedichte an ihnen anzubringen, später satirische Verse im römischen Dialekt, die sogenannten »Pasquinaten«, die gegen die Obrigkeit im allgemeinen und auch gegen die Kirche gerichtet waren.

65 Pulcinella: Figur, die aus der Komödie des neapolitanischen Volkstheaters stammt, in die Commedia dell'arte Aufnahme fand und später zur Lieblingsgestalt des neapolitanischen Volks- und Marionettentheaters wurde, ein listiger, gefräßiger Diener und Possenreißer.

guarattelle: Spielvorlagen für umherziehende Marionetten- und Puppentheater im neapolitanischen Dialekt. Die Hauptfigur der Stücke ist immer Pulcinella.

69 TROVAROMA: wöchentliche Beilage der römischen Ausgabe der Tageszeitung *La Repubblica*, die über Veranstaltungen, Restaurants, Sportveranstaltungen und Einkaufsmöglichkeiten informiert.

73 *Settimana Enigmistica:* beliebtestes italienisches Rätseljournal.

78 »Ma *quelle occulte* …« und »*Ho tirato* …«: aus dem Gedicht »I fiumi / Die Flüsse« von Giuseppe Ungaretti (1888-1970), deutsch Frankfurt 1961, zitiert nach der Übersetzung von Ingeborg Bachmann.

83 Schifano und Pascali: Mario Schifano (1934-1998) und Pino Pascali (1935-1968), berühmte Vertreter der italienischen Nachkriegsmalerei.

88 Frazer: James George Frazer (1854-1941), britischer Anthropologe und Religionswissenschaftler. In seinem Werk *Der goldene Zweig* beschäftigt er sich auch mit dem Nemisee.

G. N.

Zu dieser Ausgabe

insel taschenbuch 3339: Der Text folgt der Ausgabe: Marco Lodoli, *Spaziergänge in Rom.* Ausgewählt und aus dem Italienischen von Gundl Nagl. Carl Hanser Verlag München Wien 2006. Die Texte dieses Bandes, allesamt ursprünglich für die römische Ausgabe der Tageszeitung *La Repubblica* verfaßt, wurden Marco Lodolis *Isole. Guida vagabonda di Roma* (Einaudi, Turin 2005) entnommen. Einige weitere Glossen wurden zusätzlich aufgenommen. Ein Teil der Texte wurde von Karin Fleischanderl übersetzt. Umschlagfoto: Till Leeser/Bilderberg.

Literarische Reisebegleiter im insel taschenbuch

Italien

Dietmar Grieser. Große historische Straßen. Von der Via Appia bis zur Avus. Eine kunsthistorische Spurensuche. Mit Fotografien. it 1974. 130 Seiten

Wilhelm Heinse. Tagebuch einer Reise nach Italien. Mit einem biographischen Essay von Almut Hüfler. Herausgegeben von Christoph Schwandt. Mit zahlreichen Abbildungen. it 2869. 260 Seiten

Mit Hermann Hesse durch Italien. Ein Reisebegleiter durch Oberitalien. Herausgegeben von Volker Michels. it 1120. 215 Seiten

Mit Marie Luise Kaschnitz durch Rom. Herausgegeben von Iris Schnebel-Kaschnitz und Michael Marschall von Bieberstein. Mit Fotografien von Mario Clementi. it 2607. 196 Seiten

Harald Keller. Die Kunstlandschaften Italiens. Mit Abbildungen. it 1576. 1110 Seiten

Literarischer Führer durch Italien. Ein Insel-Reise-Lexikon. Von Doris und Arnold E. Maurer. Mit Abbildungen, Karten und Registern. it 1071. 551 Seiten

Thomas Mann in Venedig. Eine Spurensuche. Von Reinhard Pabst. Mit zahlreichen Abbildungen. it 3097. 250 Seiten

Oberitalienische Seen. Ein literarischer Reisebegleiter. Von Rainer W. Kuhnke. it 2608. 287 Seiten

NF 31/1/3.05

Pompeji und Herculaneum. Ein Reisebegleiter. Herausgegeben von Dieter Richter. it 3099. 200 Seiten

Rom. Ein literarisches Porträt. Herausgegeben von Michael Worbs. Mit farbigen Fotografien. it 2298. 320 Seiten

Alberto Savinio. Capri. Eine Reiseerzählung. Übersetzt und mit einem Nachwort versehen von Martina Kempter. it 2732. 112 Seiten

Johann Gottfried Seume. Spaziergang nach Syrakus im Jahre 1802. Herausgegeben von Jörg Drews. it 2780. 455 Seiten

Sizilien. Literarisches Landschaftsbild. Herausgegeben von Ralf Nestmeyer. Mit Fotografien. it 2637. 220 Seiten

Südtirol. Ein literarisches Landschaftsbild. Herausgegeben von Dominik Jost. Mit Abbildungen. it 1317. 358 Seiten

Im Rosengarten. Eine literarische Spurensuche in Südtirol. Von Dietmar Grieser. Mit Abbildungen. it 2509. 245 Seiten

Toskana. Ein literarisches Landschaftsbild. Herausgegeben von Andreas Beyer. Mit Fotografien von Loretto Buti. it 926. 265 Seiten

Venedig. Ein Reisebegleiter. Herausgegeben von Doris und Arnold E. Maurer. Mit zahlreichen Fotografien. it 3110. 190 Seiten

Edith Wharton. Italien. Reisebilder. Mit einem Nachwort von Hanns-Josef Ortheil. Mit farbigen Abbildungen. it 2731. 224 Seiten

NF 31/2/3.05

Literarische Reisebegleiter im insel taschenbuch Eine Auswahl

Städte

Athen. Literarische Spaziergänge. Herausgegeben von Paul Ludwig Völzing. Mit farbigen Fotografien. it 2505. 336 Seiten

Bayreuth. Ein literarisches Porträt. Herausgegeben von Frank Piontek und Joachim Schultz. Mit zahlreichen Abbildungen. it 1830. 208 Seiten

Mit Brecht durch Berlin. Ein literarischer Reiseführer. Von Michael Bienert. Mit zahlreichen Fotografien. it 2169. 271 Seiten

Literarischer Führer Berlin. Von Fred Oberhauser und Nicole Henneberg. Mit zahlreichen Abbildungen, Karten und Registern. it 2177. 517 Seiten

Bremen. Literarische Spaziergänge. Von Johann-Günther König. Mit farbigen Fotografien. it 2621. 272 Seiten

Budapest. Ein literarisches Porträt. Herausgegeben von Wilhelm Droste, Susanne Scherrer und Kristin Schwamm. Mit zahlreichen Fotografien. it 1801. 283 Seiten

Chicago. Porträt einer Stadt. Herausgegeben von Johann Norbert Schmidt und Hans Peter Rodenberg. Mit farbigen Fotografien. it 3032. 330 Seiten

NF 31k/1/3.05

Dresden. Ein Reisebuch. Herausgegeben von Katrin Nitzschke unter Mitarbeit von Reinhardt Eigenwill. Mit zahlreichen Abbildungen. it 1365. 294 Seiten

Dublin. Ein Reisebegleiter. Von Hans-Christian Oeser. Mit farbigen Fotografien. it 3114. 220 Seiten

Frankfurt. Acht literarische Spaziergänge. Von Siegfried Diehl. Mit farbigen Fotografien. it 2197. 190 Seiten

Mein Frankfurt. Von Martin Mosebach. Ausgewählt und mit einem Nachwort von Rainer Weiss. Mit Fotografien von Barbara Klemm. it 2871. 176 Seiten

Granada. Ein literarisches Porträt. Herausgegeben von Nina Koidl. Mit farbigen Fotografien. it 2635. 243 Seiten

Hamburg. Ein Städte-Lesebuch. Herausgegeben von Eckhart Kleßmann. Mit zahlreichen Abbildungen. it 1312. 305 Seiten

Heidelberg-Lesebuch. Stadt-Bilder von 1800 bis heute. Herausgegeben von Michael Buselmeier. it 913. 385 Seiten

Istanbul. Ein Reisebegleiter. Von Barbara Yurtdas. Mit farbigen Fotografien. it 3026. 313 Seiten

Der Kölner Dom. Ein literarischer Führer. Herausgegeben von Markus Klein. Mit zahlreichen Abbildungen. it 2226. 149 Seiten

Leipzig. Literarische Spaziergänge. Herausgegeben von Werner Marx. Mit farbigen Fotografien. it 2710. 222 Seiten

Lissabon. Ein Städte-Lesebuch. Herausgegeben von Ellen Heinemann. it 2106. 390 Seiten

NF 31k/2/3.05

London. Literarische Spaziergänge. Herausgegeben von Harald Raykowski. it 2554. 272 Seiten

Wolfgang Koeppen. Muß man München nicht lieben? it 2712. 160 Seiten

New York. Literarische Spaziergänge. Von Herbert Genzmer. Mit farbigen Fotografien. it 2883. 160 Seiten

Paris. Literarische Spaziergänge. Von Uwe Schultz. Mit farbigen Fotographien. it 2884. 272 Seiten.

Mit Proust durch Paris. Von Rainer Moritz. Mit zahlreichen Fotografien. it 2992. 160 Seiten.

Potsdam. Literarische Spaziergänge. Von Jochen R. Klicker. Mit farbigen Fotografien. it 2926. 416 Seiten

Rom. Ein literarisches Porträt. Herausgegeben von Michael Worbs. Mit farbigen Fotografien. it 2298. 320 Seiten

Mit Marie Luise Kaschnitz durch Rom. Herausgegeben von Iris Schnebel-Kaschnitz und Michael Marschall von Bieberstein. Mit Fotografien von Mario Clementi. it 2607. 196 Seiten

St. Petersburg. Literarische Spaziergänge. Von Ingrid Schalthöfer. Mit farbigen Fotografien. it 2833. 240 Seiten

Trier. Deutschlands älteste Stadt. Reisebuch. Herausgegeben von Michael Schroeder. Mit Fotografien von Konstantin Schroeder. it 1574. 260 Seiten

Tübingen. Ein literarischer Spaziergang. Herausgegeben von Gert Ueding. Mit zahlreichen Abbildungen. it 1246. 384 Seiten

NF 31k/3/3.05

Venedig. Ein Reisebegleiter. Herausgegeben von Doris und Arnold E. Maurer. Mit zahlreichen Fotografien. it 3110. 190 Seiten

Weimar. Ein Reisebegleiter. Von Annette Seemann. Mit farbigen Fotografien. it 3066. 300 Seiten

Wiener Adressen. Ein kulturhistorischer Wegweiser mit Straßenplänen und Fotos von Dietmar Grieser. it 1203. 217 Seiten

Das Wiener Kaffeehaus. Mit zahlreichen Abbildungen und Hinweisen auf Wiener Kaffeehäuser. Herausgegeben von Kurt-Jürgen Heering. it 1318. 318 Seiten

NF 31k/4/3.05